U0635914

孫子參同·兵垣四編·呂氏春秋·淮南鴻烈解

遼寧省圖書館藏陶湘舊藏閔凌刻本集成

5

遼寧省圖書館 編

中華書局

第五册目録

呂氏春秋二十六卷(卷二十四—卷二十六)

題(宋)陸游 評
(明)凌稚隆 批

明萬曆四十八年(一六二〇)凌毓枏刻朱墨套印本

呂氏春秋

第二十四卷

不苟論凡六篇

汪氏伺宋

此論賢者之行不苟又不阿媚以取容故遇賢君則受福不肖主則受禍至於引證覇秦由余百里奚之事呂氏此論偏亦自為固寵計乎

呂氏春秋卷二十四

不苟論

不苟

一曰賢者之事也雖貴不苟為雖聽不自阿必中理然後動必當義然後舉此忠臣之行也賢主之所說而不肖主雖不肖其說非惡其聲也人主雖不肖其說忠臣之聲與賢主同行其實則與賢主有異異故其功名禍福亦異異故子胥見說於闔閭而惡乎夫差比干生而惡於商

死而見說乎周武王至殷郊係墮五人御於前
莫肯之爲曰吾所以事君者非係也武王左釋
白羽右釋黄鉞勉而自爲係孔子聞之曰此五
人者之所以爲王者佐也不肖主之所弗安也
故天子有不勝細民者天下有不勝千乘者秦
繆公見戎由余說而欲留之由余不肯繆公以
告蹇叔蹇叔曰君以告內史廖內史廖對曰戎
人不達於五音與五味君不若遺之繆公以女
樂二八人與良宰遺之戎王喜迷惑大亂飲酒

遼寧省圖書館藏
陶湘舊藏閔凌刻本集成

晝夜不休由余驟諫而不聽因怒而歸繆公也
蹇叔非不能爲內史廖之所爲也其義不行也
繆公能令人臣時立其正義故雪殽之耻而西
至河雍也秦繆公相百里奚晉使叔虎齊使東
郭蹇如秦公孫枝請見之公曰請見客子之事
歟對曰非也相國使子乎對曰不也公曰然則
子事非子之事也秦國僻陋戎夷事服其任人
事其事猶懼爲諸侯笑今子爲非子之事退將
論而罪公孫枝出自敷於百里氏百里奚請之

趙衰不敢專勝鄴之賞而歸之子虎子虎不敢以言之易而過於之難所謂舉動當慕者也

公曰此所聞於相國歟枝無罪奚請有罪奚請焉百里奚歸辭公孫枝公孫枝徙自敷於街百里奚令吏行其罪定分官此古人之所以爲法也今繆公鄉之矣其霸西戎豈不宜哉晉文公將伐鄴趙衰言所以勝鄴之術文公用之果勝還將行賞衰曰君將賞其本乎賞其末乎賞其末則騎乘者存賞其本則臣聞之郤子虎文公召郤子虎曰衰言所以勝鄴鄴既勝將賞之曰蓋聞之於子虎請賞子虎子虎曰言之易行之

遼寧省圖書館藏
陶湘舊藏閔凌刻本集成

難臣言之者也公曰子無辭郄子虎不敢固辭乃受矣凡行賞欲其博也博則多助今虎非親言者也而賞猶及之此踈遠者之所以盡能竭智者也晉文公亡久矣歸而因大亂之餘猶能以霸其由此歟

贊能

二曰賢者善人以人中人以事不肖者以財得十良馬不若得一伯樂得十良劍不若得一歐冶得地千里不若得一聖人舜得皋陶而舜受

之湯得伊尹而有夏民文王得呂望而服殷商夫得聖人豈有里數哉管子束縛在魯桓公欲相鮑叔鮑叔曰吾君欲霸王則管夷吾在彼臣弗若也桓公曰夷吾寡人之賊也射我者也不可鮑叔曰夷吾爲其君射人者也君若得而臣之則彼亦將爲君射人桓公不聽强相鮑叔固辭讓而相桓公果聽之於是乎使人告魯曰管夷吾寡人之讐也願得之而親加手焉魯君許諾乃使吏鞹其拳膠其目盛之以鴟夷置之車

遼寧省圖書館藏
陶湘舊藏閔凌刻本集成

中至齊境桓公使人以朝車迎之祓以爟火釁
以犧猳焉生與之如國命有司除廟筵几而薦
之曰自孤之聞夷吾之言也目益明耳益聰孤
弗敢專敢以告于先君因顧而命管子曰夷吾
佐予管仲還走再拜稽首受令而出管子治齊
國舉事有功桓公必先賞鮑叔曰使齊國得管
子者鮑叔也桓公可謂知行賞矣凡行賞欲其
本也本則過無由生矣孫叔敖沈尹莖相與友
叔敖遊於郢三年聲問不知修行不聞沈尹莖

謂孫叔敖曰說義以聽方術信行能令人主上至於王下至於霸我不若子也耦世接俗說義調均以適主心子不如我也子何以不歸耕乎吾將爲子游沈尹莖遊於郢五年荆王欲以爲令尹沈尹莖辭曰期思之鄙人有孫叔敖者聖人也王必用之臣不若也荆王於是使人以王輿迎叔敖以爲令尹十二年而莊王霸此沈尹莖之力也功無大乎進賢

自知

遼寧省圖書館藏
陶湘舊藏閔凌刻本集成

前引帝王務自知爲訓後引昏主不自知爲戒

索鏡而自照夜半取火而視子斯人也其深於自知矣彼致韡而不見其醜者則亦成莊諸人之况也

三曰欲知平直則必準繩欲知方圓則必規矩人主欲自知則必直士故天子立輔弼設師保所以舉過也夫人故不能自知人主猶其存亡安危勿求於外務在自知堯有欲諫之鼓舜有誹謗之木湯有司過之士武王有戒慎之鞀猶恐不能自知今賢非堯舜湯武也而有揜蔽之道奚繇自知哉荆成齊莊不自知而殺吳王智伯不自知而亡宋中山不自知而滅晉惠公趙括不自知而虜鑽荼龐涓太子申不自知而死

對論

惡已自聞之論
前所未道一論
刺骨

結上起下

敗莫大於不自知范氏之亡也百姓有得鍾者欲負而走則鍾大不可負以椎毀之鍾況然有音恐人聞之而奪已也遽揜其耳惡人聞之可也惡已自聞之悖矣爲人主而惡聞其過非猶此也惡人聞其過尚猶可魏文侯燕飲皆令諸大夫論已或言君之智也至於任座任座曰君不肖君也得中山不以封君之弟而以封君之子是以知君之不肖也文侯不說知於顏色任座趨而出次及翟黃翟黃曰君賢君也臣聞其

遼寧省圖書館藏
陶湘舊藏閔凌刻本集成

主賢者其臣之言直今者任座之言直是以知君之賢也文侯喜曰可反歟翟黄對曰奚爲不可臣聞忠臣畢其忠而不敢遠其死座殆尚在於門翟黄往視之任座在於門以君令召之任座入文侯下階而迎之終座以爲上客文侯微翟黄則幾失忠臣矣上順乎主心以顯賢者其唯翟黄乎

當賞

四曰民無道知天民以四時寒暑日月星辰之

兩轉語許多神情

行知天四時寒暑日月星辰之行當則諸生有血氣之類皆爲得其處而安其産人臣亦無道知主人臣以賞罰爵祿之所加知主主之賞罰爵祿之所加者宜則親疏遠近賢不肖皆盡其力而以爲用矣晉文公反國賞從亡者而陶狐不與左右曰君反國家爵祿三出而陶狐不與敢問其說文公曰輔我以義導我以禮者吾以爲上賞教我以善彊我以賢者吾以爲次賞拂吾所欲數舉吾過者吾以爲末賞三者所以賞

遼寧省圖書館藏
陶湘舊藏閔凌刻本集成

起伏歌頌過接處極其醒快

有功之臣也若賞唐國之勞徒則陶狐將爲首矣周内史興聞之曰晉公其霸乎昔者聖王先德而後力晉公其當之矣秦小主夫人用奄變羣賢不說自匿百姓鬱怨非上公子連亡在魏聞之欲入因羣臣與民從鄭所之塞右主然守塞弗入曰臣有義不兩主公子勉去矣公子連去入翟從焉氏塞菌改入之夫人聞之大駭令吏興卒奉命曰寇在邊卒與吏其始發也皆曰往擊寇中道因變曰非擊寇也迎主君也公子

賞罰法也好惡
情也賞罰惟以
善惡而不以愛
惡誠探本之論
收繳正意完密

連因與卒俱來至雍圍夫人夫人自殺公子連
立是爲獻公怨右主然而將重罪之德菌改而
欲厚賞之監突爭之曰不可秦公子之在外者
衆若此則人臣爭入亍公子矣此不便主獻公
以爲然故復右主然之罪而賜菌改官大夫賜
守塞者人米二十石獻公可謂能用賞罰矣凡
賞非以愛之也罰非以惡之也用觀歸也所歸
善雖惡之賞所歸不善雖愛之罰此先王之所
以治亂安危也

遼寧省圖書館藏陶湘舊藏閔凌刻本集成

首叙人主之立功名當有大務而去其大害乃一篇之主意下詳言之淵思卓識語詞古雅迥出塵表

博志

五曰先王有大務去其害之者故所欲以必得所惡以必除此功名之所以立也俗主則不然有大務而不能去其害之者此所以無能成也夫去害務與不能去害務此賢不肖之所以分也使獐疾走馬弗及至巳而得者其時顧也驥一日千里車輕也以重載則不能數里任重也賢者之舉事也不聞無功然而名不大立利不及世者愚不肖爲之任也冬與夏不能兩刑草

不處全三語洞識盈虛之數

與稼不能兩成新穀熟而陳穀虧凡有角者無上齒果實繁者木必庳用智褊者無遂功天之數也故天子不處全不處極不處盈全則必缺極則必反盈則必虧先王知物之不可兩大故擇務當而處之孔墨甯越皆布衣之士也慮於天下以爲無若先王之術者故日夜學之有便於學者無不爲也有不便於學者無肯爲也蓋聞孔丘墨翟晝日諷誦習業夜親見文王周公旦而問焉用志如此其精也何事而不達何爲

遼寧省圖書館藏
陶湘舊藏閔凌刻本集成

鬼告之語本管
子內業篇思之
不通鬼神將通
之非鬼神之力
也精氣之極也

此即人一已百
之說

而不成故曰精而熟之鬼將告之非鬼告之也
精而熟之也今有寶劒良馬於此玩之不厭視
之無倦寶行良道一而弗復欲身之安也名之
章也不亦難乎甯越中牟之鄙人也苦耕稼之
勞謂其友曰何爲而可以免此苦也其友曰莫
如學學三十歲則可以達矣甯越曰請以十歲
人將休吾將不敢休人將卧吾將不敢卧十五
歲而周威公師之矢之速也而不過二里止也
步之遲也而百舍不止也今以甯越之材而久

秋駕御法也

不止其爲諸侯師豈不宜哉養由基尹儒皆六藝之人也荆廷甞有神白猨荆之善射者莫之能中荆王請養由基射之養由基矯弓操矢而往未之射而括中之矣發之則猨應矢而下則養由基有先中中之者矣尹儒學御三年而不得焉苦痛之夜夢受秋駕於其師明日往朝其師望而謂之曰吾非愛道也恐子之未可與也今日將教子以秋駕尹儒反走北面再拜曰今昔臣夢受之先爲其師言所夢所夢固秋駕已

遼寧省圖書館藏
陶湘舊藏閔凌刻本集成

先以天地物類之數以起人君循理之意有源委

上二士者可謂能學矣可謂無害之矣此其所以觀後世已

貴當

六曰名號大顯不可彊求必繇其道治物者不於物於人治人者不於事於君治君者不於君於天子治天子者不於天子於欲治欲者不於欲於性性者萬物之本也不可長不可短因其固然而然之此天地之數也窺赤肉而烏鵲聚貍處堂而衆鼠散衰絰陳而民知喪竽瑟陳而

筆端有神

民知樂湯武修其行而天下從桀紂慢其行而天下畔豈待其言哉君子審在已者而已矣荊有善相人者所言無遺策聞於國莊王見而問焉對曰臣非能相人也能觀人之友也觀布衣也其友皆孝悌純謹畏令如此者其家必日益身必日榮矣所謂吉人也觀事君者也其友皆誠信有行好善如此者事君日益官職日進此所謂吉臣也觀人主也其朝臣多賢左右多忠主有失皆交爭証諫如此者國日安主日尊天

下日服此所謂吉主也臣非能相人也能觀人之友也莊王善之於是疾收士日夜不懈遂霸天下故賢主之時見文藝之人也非特具之而巳也所以就大務也夫事無大小固相與通田獵馳騁弋射走狗賢者非不爲也爲之而智日得焉不肖主爲之而智日惑焉志曰驕惑之事不亡奚待君有好獵者曠日持久而不得獸入則媿其家室出則媿其知友州里惟其所以不得之故則狗惡也欲得良狗則家貧無以於是

還疾耕疾耕則家富家富則有以求良狗狗良則數得獸矣田獵之獲常過人矣非獨獵也百事也盡然霸王有不先耕而成霸王者古今無有此賢者不肖之所以殊也賢不肖之所欲與人同堯桀幽厲皆然所以爲之異故賢主察之以爲不可弗爲以爲可故爲之爲之必繇其道物莫之能害此功之所以相萬也

遼寧省圖書館藏陶湘舊藏閔淩刻本集成

呂氏春秋

第二十五卷

似順論凡六篇

遼寧省圖書館藏
陶湘舊藏閔凌刻本集成

綫索在手縱橫
所如不假組織
而無不括目

呂氏春秋卷二十五

似順論

似順

一曰事多似倒而順多似順而倒有知順之爲倒倒之爲順者則可與言化矣至長反短至短反長天之道也荆莊王欲伐陳使人視之使者曰陳不可伐也莊王曰何故對曰城郭高溝洫深蓄積多也寧國曰陳可伐也夫陳小國也而蓄積多賦斂重也則民怨上矣城郭高溝洫深

則民力罷矣與兵伐之陳可取也莊王聽之遂取陳焉田成子之所以得有國至今者有兄曰完子仁且有勇越人興師誅田成子曰奚故殺君而取國田成子患之完子請率士大夫以逆越師請必戰戰請必敗敗請必死田成子曰夫必與越戰可也戰必敗敗必死寡人疑焉完子曰君之有國也百姓怨上賢良又有死之臣蒙恥以完觀之也國已懼矣今越人起師臣與之戰戰而敗賢良盡死不死者不敢入於國君與

遼寧省圖書館藏
陶湘舊藏閔凌刻本集成

以人主之聽士之學不可不恃二句收斷上意照應起可謂知化處

簡子使鐸夷夫壘而鐸增之此之謂似倒而順者也非孫明之知化安能知之

諸孤處於國以臣觀之國必安矣完子行田成子泣而遣之夫死敗人之所惡也而反以爲安豈一道哉故人主之聽者與士之學者不可不博尹鐸爲晉陽下有請於趙簡子簡子曰往而夷夫壘我將往往而見壘是中行寅與范吉射也鐸往而增之簡子上之晉陽望見壘而怒曰譆鐸也欺我於是乃舍於郊將使人誅鐸也孫明進諫曰以臣私之鐸可賞也鐸之言固曰見樂則淫侈見憂則諍治此人之道也今君見壘

末說不知用愎過惡諫者至於危亡深戒世主之大病

念憂患而况群臣與民乎夫便國而利於主雖兼於罪鐸爲之夫順令以取容者衆能之而况鐸歟君其圖之簡子曰微子之言寡人幾過於是乃以免難之賞賞尹鐸人主太上喜怒必循理其次不循理必數更雖未至大賢猶足以蓋濁世矣簡子當此世主之患恥不知而矜自用好愎過而惡聽諫以至於危恥無大乎危者

別類

二曰知不知上矣過者之患不知而自以爲知

遼寧省圖書館藏
陶湘舊藏閔凌刻本集成

引喻極是借案極非实語大約只摹擬題神[illegible]篇用虛用叓極淂此解

物多類然而不然故亡國僇民無已夫草有莘有藟獨食之則殺人合而食之則益壽萬堇不殺漆淖水合兩淖則爲蹇溼之則爲乾金柔錫柔合兩柔則爲剛燔之則爲淖或溼而乾或燔而淖類固不必可推知也小方大方之類也小馬大馬之類也小智非大智之類也魯人有公孫綽者告人曰我能起死人人問其故對曰我固能治偏枯今吾倍所以爲偏枯之藥則可以起死人矣物固有可以爲小不可以爲大可以

爲半不可以爲全者也相劒者曰白所以爲堅也黃所以爲牣也黃白雜則堅且牣良劒也難者曰白所以爲不牣也黃所以爲不堅也黃白雜則不堅且不牣也又柔則錈堅則折劒折且錈焉得爲利劒劒之情未革而或以爲良或以爲惡說使之也故有以聰明聽說則妄說者止無以聰明聽說則堯桀無別矣此忠臣之所患也賢者之所以廢也義小爲之則小有福大爲之則大有福於禍則不然小有之不若其亡也

家匠之論察乎木之理也高陽應好小察而不知物性卒如家匠之言正所謂小智非大智之類

射招者欲其中小也射獸者欲其中大也物固不必安可推也高陽應將爲室家匠對曰未可也木尚生加塗其上必將撓以生爲室今雖善後將必敗高陽應曰緣子之言則室不敗也木益枯則勁塗益乾則輕以益勁任益輕則不敗匠人無辭而對受令而爲之室之始成也善其後果敗高陽應好小察而不通乎大理也驥驁綠耳背日而西走至乎夕則日在其前矣目固有不見也智固有不知也數固有不及也不知

見道之談即一篇盡性書也

其說所以然而然聖人因而與制不事心焉

有度

三曰賢主有度而聽故不過有度而以聽則不可欺矣不可惶矣不可恐矣不可喜矣以凡人之知不昏乎其所已知而昏乎其所未知則人之易欺矣可惶矣可恐矣可喜矣知之不審也客有問季子曰奚以知舜之能也季子曰堯固已治天下矣舜言治天下而合己之符是以知其能也若雖知之奚道知其不為私季子曰諸

遼寧省圖書館藏陶湘舊藏閔凌刻本集成

能治天下者固必通乎性命之情者當無私矣
夏不衣裘非愛裘也煖有餘也冬不用箑非愛
箑也清有餘也聖人之不爲私也非愛費也節
乎己也節己雖貪汙之心猶若止又况乎聖人
許由非彊也有所乎通也有所通則貪汙之利
外矣孔墨之弟子徒屬充滿天下皆以仁義之
術教導於天下然而無所行教者術猶不能行
又况乎所教是何也仁義之術外也夫以外勝
內匹夫徒步不能行又况乎人主唯通乎性命

六者私欲也不蕩則虛明之體存矣所以無為而無乎不為故曰不可惶不可恐不可喜也應前起語

之情而仁義之術自行矣先王不能盡知執一而萬物治使人不能執一者物惑之也故曰通意之悖解心之繆去德之累通道之塞貴富顯嚴名利六者悖意者也容動色理氣意六者繆心者也惡欲喜怒哀樂六者累德者也智能去就取舍六者塞道者也此四六者不盪乎胸中則正正則靜靜則清明清明則虛虛則無爲而無不爲也

分職

此篇以用非其有立柱先比擬後引證總之發明此意篇內如曰武王取非其有曰先王固用非其有曰通乎用非其有曰國非其有曰春也有善于寡人有也此明應也又如曰無御相勞而有其功曰不拜樂已者而拜主人曰不予佐

四曰先王用非其有如己有之通乎君道者也夫君也者處虛素服而無智故能使衆智也智反無能故能使衆能也能執無爲故能使衆爲也無智無能無爲此君之所執也人主之所惑者則不然以其智彊智以其能彊能以其爲彊爲此處人臣之職也處人臣之職而欲無壅塞雖舜不能爲武王之佐五人武王之於五人者之事無能也然而世皆曰取天下者武王也故武王取非其有如己有之通乎君道也通乎君

之者而予其主曰功已就而賞匠此暗應也

道則能令智者謀矣能令勇者怒矣能令辯者語矣夫馬者伯樂相之造父御之賢主乘之一日千里無御相之勞而有其功則知所乘矣今召客者酒酣歌舞鼓瑟吹竽明日不拜樂已者而拜主人主人使之也先王之立功名有似於此使衆能與衆賢功名大立於世不予佐之者而予其主使之也譬之若爲宮室必任巧匠奚故曰匠不巧則宮室不善夫國重物也其不善也豈特宮室哉巧匠爲宮室爲圓必以規爲方

遼寧省圖書館藏
陶湘舊藏閔凌刻本集成

必以矩爲平直必以準繩功已就不知規矩繩墨而賞匠巧匠之宮室已成不知巧匠而皆曰善此某君某王之宮室也此不可不察也人主之不通主道者則不然自爲人則不能任賢者賢者則惡之與不肖者議之此功名之所以傷國家之所以危棗棘之有裘狐之有也食棘之棗衣狐之皮先王固用非其有而已有之湯武一日而盡有夏商之民盡有夏商之地盡有夏商之財以其民安而天下莫敢之危以其地封而天

下莫敢不說以其財賞而天下皆競無費乎鄗
與岐周而天下稱大仁稱大義通乎用非其有
白公勝得荊國不能以其府庫分人七日石乞
曰患至矣不能分人則焚之毋令人以害我白
公又不能九日葉公入乃發太府之貨予衆出
高庫之兵以賦民因攻之十有九日而白公死
國非其有也而欲有之可謂至貪矣不能爲人
又不能自爲可謂至愚矣譬白公之嗇若梟之
愛其子也衛靈公天寒鑿池宛春諫曰天寒起

役恐傷民公曰天寒乎宛春曰公衣狐裘坐熊
席陬隅有竈是以不寒今民衣弊不補履決不
組君則不寒矣民則寒矣公曰善令罷役左右
以諫曰君鑿池不知天之寒也而春也知之以
春之知之也而令罷之福將歸於春也而怨將
歸於君公曰不然夫春也魯國之匹夫也而我
舉之夫民未有見焉今將令民以此見之曰春
也有善於寡人有也春之善非寡人之善歟靈
公之論宛春可謂知君道矣君者固無任而以

職受任工拙下也賞罰法也君奚事哉若是則
受賞者無德而抵誅者無怨矣人自反而已此
治之至也

處方

五曰凡爲治必先定分君臣父子夫婦君臣父
子夫婦六者當位則下不踰節而上不苟爲矣
少不悍辟而長不簡慢矣金木異任水火殊事
陰陽不同其爲民利一也故異所以安同也同
所以危異也同異之分貴賤之别長少之義此

遼寧省圖書館藏
陶湘舊藏閔凌刻本集成

先王之所慎而治亂之紀也今夫射者儀毫而失牆畫者儀髮而易貌言審本也本不審雖堯舜不能以治故凡亂也者必始乎近而後及遠必始乎本而後及末治亦然故百里奚處乎虞而虞亡處乎秦而秦霸向摯處乎商而商滅處乎周而周王百里奚之處乎虞智非愚也向摯之處乎商典非惡也無其本也其處於秦也智非加益也其處於周也典非加善也有其本也其本也者定分之謂也齊令章子將而與韓魏

此言章子知為將之分定而不悖惑故得以成功

攻荆荆令唐蔑將而拒之軍相當六月而不戰齊令周㝡趣章子急戰其辭甚刻章子對周㝡曰殺之免之殘其家王能得此於臣不可以戰而戰可以戰而不戰王不能得此於臣與荆人夾泚水而軍章子令人視水可絕者荆人射之水不可得近有芻水旁者告齊候者曰水淺深易知荆人所盛守盡其淺者也所簡守皆其深者也候者載芻者與見章子章子甚喜因練卒以夜奄荆人之所盛守果殺唐蔑章子可謂知

此見韓昭侯不以不軌之人而用之可謂正其身而不妄意以從之也

將分矣韓昭釐侯出弋靷偏緩昭釐侯居車上謂其僕靷不偏緩乎其僕曰然至舍昭釐侯射鳥其右攝其一靷適之昭釐侯已射駕而歸上車選間曰鄉者靷偏緩今適何也其右從後對曰今者臣適之昭釐侯至詰車令各避舍故擅爲妄意之道雖當賢主不由也今有人於此擅矯行則免國家利輕重則若衡石爲方圜則若規矩此則工矣巧矣而不足法法也者衆之所同也賢不肖之所以其力也謀出乎不可用事

出乎不可同此爲先生之所舍也

慎小

六曰上尊下卑卑則不得以小觀上尊則恣恣則輕小物輕小物則上無道知下下無道知上上下不相知則上非下下怨上矣人臣之情不能爲所怨人主之情不能愛所非此上下大相失道也故賢主謹小物以論好惡巨防容螻而漂邑殺人突泄一熛而焚宫燒積將失一令而軍破身死主過一言而國殘名辱爲後世笑衛

冒頭闕壯

射鴻小事也衛獻公不慎以至麇而立公子黜此不能謹小物而慎好惡者

遼寧省圖書館藏陶湘舊藏閔凌刻本集成

奪戎州小事也公不慎卒至于危亡此見人情奸險甚于山之之顛躓而其本原于謹之至小

獻公戒孫林父甯殖食鴻集于囿虞人以告公如囿射鴻二子待君日晏公不來至來不釋皮冠而見二子二子不說逐獻公立公子黚衛莊公立欲逐石圃登臺以望見戎州而問之曰是何爲者也侍者曰戎州也莊公曰我姬姓也戎人安敢居國使奪之宅殘其州晉人適攻衛戎州人因與石圃殺莊公立公子起此小物不審也人之情不蹷於山而蹷於垤齊桓公即位三年三言而天下稱賢群臣皆說去肉食之獸去

推開一步以勉當時賞罰之信結一篇之本旨

食粟之鳥去絲罝之網吳起治西河欲諭其信於民夜日置表於南門之外令於邑中曰明日有人僨南門之外表者仕長大夫明日日晏矣莫有僨表者民相謂曰此必不信有一人曰試往僨表不得賞而已何傷往僨表來謁吳起吳起自見而出仕之長大夫夜日又復立表又令於邑中如前邑人守門爭表表加植不得所賞自是之後民信吳起之賞罰賞罰信乎民何事而不成豈獨兵乎

遼寧省圖書館藏陶湘舊藏閔凌刻本集成

呂氏春秋

第二十六卷

遼寧省圖書館藏
陶湘舊藏閔凌刻本集成

此論得道之士不偏不黨能剛能柔行義謙虛輕富貴并貧賤國家賴之而不言自化下引田駢唐尚以徵之全是一篇國策

呂氏春秋卷二十六

士容論

士容

一曰士不偏不黨柔而堅虛而實其狀朖然不儇若失其一傲小物而志屬於大似無勇而未可恐狼執固横敢而不可辱害臨患涉難而處義不越南面稱寡而不以侈大今日君民而欲服海外節物甚高而細利弗賴耳目遺俗而可與定世富貴弗就而貧賤弗撓德行尊理而羞

謂賢者志大而人君桎之使小

用巧衛寬裕不訾而中心甚厲難動以物而必不妄折此國士之容也齊有善相狗者其鄰假以賢取鼠之狗朞年乃得之曰是良狗也其鄰畜之數年而不取鼠以告相者相者曰此良狗也其志在獐麇豕鹿不在鼠欲其取鼠也則桎之其鄰桎其後足狗乃取鼠夫驥驁之氣鴻鵠之志有諭乎人心者誠也人亦然誠有之則神應乎人矣言豈足以諭之哉此謂不言之言也

客有見田駢者被服中法進退中度趨翔閑雅

遼寧省圖書館藏
陶湘舊藏閔凌刻本集成

純乎二句言其德性之美淳乎二句言其制行之謹乾乎二句言其立心之厚皆士之容也

辭令遜敏田駢聽之畢而辭之客出田駢送之以目弟子謂田駢曰客士歟田駢曰殆乎非士也今者客所弇斂士所術施也士所弇斂客所術施也客殆乎非士也故火燭一隅則室偏無光骨節蚤成空竅哭歷身必不長衆無謀方乞謹視見多故不良志必不公不能立功好得惡予國雖大不爲王禍災日至故君子之容純乎其若鍾山之玉桔乎其若陵上之木淳淳乎愼謹畏化而不肯自足乾乾乎取舍不悅而心甚

素樸唐尚敵年爲史其故人謂唐尚願之以謂唐尚唐尚曰吾非不得爲史也羞而不爲也其故人不信也及魏圍邯鄲唐尚說惠王而解之圍以與伯陽其故人乃信其羞爲史也居有間其故人爲其兄請唐尚曰衛君死吾將汝兄以代之其故人反興再拜而信之夫可信而不信不可信而信此愚者之患也知人情不能自遺以此爲君雖有天下何益故敗莫大於愚愚之患在必自用自用則戇陋之人從而賀之有國

遼寧省圖書館藏
陶湘舊藏閔凌刻本集成

若此不若無有古之與賢從此生矣非惡其子孫也非徼而矜其名也反其實也

務大

二曰嘗試觀於上志三王之佐其名無不榮者其實無不安者功大故也俗主之佐其欲名實也與三王之佐同其名無不辱者其實無不危者無功故也皆患其身不貴於其國也而不患其主之不貴於天下也此所以欲榮而逾辱也欲安而逾危也孔子曰鷰爵爭善處於一屋之

下母子相哺也區區焉相樂也自以爲安矣竈
突决上棟焚燕爵顏色不變是何也不知禍之
將及之也不亦愚乎爲人臣而免於燕爵之智
者寡矣夫爲人臣者進其爵禄富貴父子兄弟
相與比周於一國區區焉相樂也而以危其社
稷其爲竈突近矣而終不知也其與燕爵之智
不異故曰天下大亂無有安國一國盡亂無有
安家一家盡亂無有安身此之謂也故細之安
必待大大之安必待小細大賤貴交相爲贊然

遼寧省圖書館藏陶湘舊藏閔凌刻本集成

後皆得其所樂薄疑說衛嗣君以王術嗣君應之曰所有者千乘也願以受教薄疑對曰烏獲奉千鈞又况一斤杜赫以安天下說周昭文君昭文君謂杜赫曰願學所以安周杜赫對曰臣之所言者不可則不能安周矣臣之所言者可則周自安矣此所謂以弗安而安者也鄭君問於被瞻曰聞先生之義不死君不亡君信有之乎被瞻對曰有之夫言不聽道不行則固不事君也若言聽道行又何死亡哉故被瞻之不死

亡也賢乎其死亡者也昔有舜欲服海外而不成既足以成帝矣禹欲帝而不成既足以王海內矣湯武欲繼禹而不成既足以王通達矣五伯欲繼湯武而不成既足以爲諸侯長矣孔墨欲行大道於世而不成既足以成顯榮矣夫大義之不成既有成已故務事大

上農

三曰古先聖王之所以導其民者先務於農民農非徒爲地利也貴其志也民農則樸樸則易

遼寧省圖書館藏
陶湘舊藏閔凌刻本集成

二篇古詞古調此必相傳古農書

此真神農后稷之語太古之調

用易則邊境安主位尊民農則重重則少私義少私義則公法立力專一民農則其產復其產復則重徙重徙則死其處而無二慮民舍本而事末則不令不令則不可以守不可以戰民舍本而事末則其產約其產約則輕遷徙輕遷徙則國家有患皆有遠志無有居心民舍本而事末則好智好智則多詐多詐則巧法令以是爲非以非爲是后稷曰所以務耕織者以爲本教也是故天子親率諸侯耕帝籍田大夫士皆有

歷叙天時之生成物性之率養人事之工拙收獲之多寡毫髮不爽

功業是故當時之務農不見于國以教民尊地産也后妃率九嬪蠶於郊桑於公田是以春秋冬夏皆有麻枲絲繭之功以力婦教也是故丈夫不織而衣婦人不耕而食男女貿功以長生此聖人之制也故敬時愛日非老不休非疾不息非死不舍上田夫食九人下田夫食五人可以益不可以損一人治之十人食之六畜皆在其中矣此大任地之道也故當時之務不興土功不作師徒庶人不冠弁娶妻嫁女享祀不酒

遼寧省圖書館藏
陶湘舊藏閔凌刻本集成

反言民不重農之弊正見民農當重

醴聚衆農不上聞不敢私籍於庸爲害於時也然後制野禁苟非同姓農不出御女不外嫁以安農也野禁有五地未辟易不操麻不出糞齒年未長不敢爲園囿量力不足不敢渠地而耕農不敢行賈不敢爲異事爲害於時也然後制四時之禁山不敢伐材下木澤人不敢灰僇緵網罝罦不敢出於門罛罟不敢入於淵澤非舟虞不敢緣名爲害其時也若民不力田墨乃家畜國家難治三疑乃極是謂背本反則失毀其

設爲后稷之言甚奇

國凡民自七尺以上屬諸三官農攻粟工攻器賈攻貨時事不共是謂大凶奪之以土功是謂稽不絕憂唯必喪其粃奪之以水事是謂籥喪以繼樂四鄰來虛奪之以兵事是謂厲禍因胥歲不舉銍艾數奪民時大饑乃來野有寢耒或談或歌旦則有昬喪粟甚多皆知其末莫知其本真

任地

四曰后稷曰子能以窐爲突乎子能藏其惡而

遼寧省圖書館藏
陶湘舊藏閔凌刻本集成

農家者流設問
農家十事

總結一句

審土地之肥瘠
察剛柔之緩急
觀高下之燥溼
皆所以察地利
也五耕五耨所
以盡人力也

揖之以陰乎子能使吾士靖而甽浴士乎子能使保溼安地而處乎子能使雚夷毋淫乎子能使子之野盡爲泠風乎子能使藁數節而莖堅乎子能使穗大而堅均乎子能使粟圓而薄糠乎子能使米多沃而食之彊乎無之若何凡耕之大方力者欲柔柔者欲力息者欲勞勞者欲息棘者欲肥肥者欲棘急者欲緩緩者欲急溼者欲燥燥者欲溼上田棄畝下田棄甽五耕五耨必審以盡其深殖之度陰土必得大草不生

此言農候也見生樹生謂望杏敎耕瞻蒲勸穡也見死穫死謂靡草死而麥秋至草木黃落禾乃登也

又無螟蜮今兹美禾來兹美麥是以六尺之耜所以成畝也其博八寸所以成甽也耨柄尺此其度也其耨六寸所以間稼也地可使肥又可使棘人肥必以澤使苗堅而地隙人耨必以旱使地肥而土緩草諯大月冬至後五旬七日菖始生菖者百草之先生者也於是始耕孟夏之昔殺三葉而穫大麥日至苦菜死而資生而樹麻與菽此告民地寶盡死凡草生藏日中出狶首生而麥無葉而從事於蓄藏此告民究也五

反振以伐上意
極步驟警策

時見生而樹，生見死而穫，死天下時，地生財，不與民謀。有年瘞土，無年瘞土，無失民時，無使之治下。知貧富利器，皆時至而作，渴時而止。是以老弱之力可盡起，其用日半，其功可使倍。不知事者，時未至而逆之，時既往而慕之，當時而薄之，使其民而郄之。民既郄，乃以良時慕，此從事之下也。操事則苦，不知高下，民乃逾處。種稑禾不爲稑，種重禾不爲重，是以粟少而失功。

辯土

鐱或作選

歷言耕而與穫之弊蓋多失於高下之未審寒暑之未宜也

五曰凡耕之道必始於壚爲其寡澤而後枯必厚其靹爲其唯厚而及鐱者莖之堅者耕之澤其靹而後之上田則被其處下田則盡其汙無與三盜任地夫四序參發大甽小畝爲青魚胠苗若直獵地竊之也既種而無行耕而不長則苗相竊也弗除則蕪除之則虛則草竊之也故去此三盜者而後粟可多也所謂今之耕也營而無獲者其蚤者先時晚者不及時寒暑不節稼乃多菑實其爲晦也高而危則澤奪陂則埒

遼寧省圖書館藏
陶湘舊藏閔凌刻本集成

見風則僨，高培則拔，寒則雕，熱則修，一時而五六死，故不能爲來。不俱生而俱死，虛稼先死，衆盜乃竊，望之似有餘，就之則虛。農夫知其田之易也，不知其稼之疏而不適也；知其田之際也，不知其稼居地之虛也。不除則蕪，除之則虛，此事之傷也。故畮欲廣以平，甽欲小以深，下得陰，上得陽，然後咸生。稼欲生於塵而殖於堅者。慎其種，勿使數，亦無使疏，於其施土，無使不足，亦無使有餘。熟有耰也，必務其培，其耰也植，植者其生也必先其施土也均均者其生也必堅是以晦廣以平則不喪本莖生於地者五分之以地莖生有行故遬長弱不相害故遬大衡行必得縱行必術正其行通其風夬心中央帥爲泠風苗其弱也欲孤長也欲相與居其熟也欲相扶是故三以爲族乃多粟凡禾之患不俱生而俱死是以先生者美米後生者爲粃是故其耨也長其兄而去其弟樹肥無使扶疏樹墝不欲專生而族居肥而扶疏則多粃墝而專居則多

遼寧省圖書館藏
陶湘舊藏閔凌刻本集成

物以時而成農以時而耕此先王之制所謂因天之時盡地之利也

死不知稼者其耨也去其兄而養其弟不收其粟而收其粗上下安則禾多死厚土則孽不通薄土則蕃轓而不發壚埴冥色剛土柔種免耕殺匿使農事得

審時

六曰凡農之道厚之爲寶斬木不時不折必穗稼就而不穫必遇天菑夫稼爲之者人也生之者地也養之者天也是以人稼之容足耨之容耨據之容手此之謂耕道是以得時之禾長稠

語得時而至於
味美氣章食之
足以衛生可見
谷之係於得時
者最重業農事
而失時者不可
不戒

而穗大本而莖殺疏穖而穗大其粟圓而薄糠
其米多沃而食之彊如此者不風先時者莖葉
帶芒以短衡穗鉅而芳奪秙米而不香後時者
莖葉帶芒而末衡穗閱而青零多秕而不滿得
時之黍芒莖而徼下穗芒以長摶米而薄糠舂
之易而食之不噮而香如此者不飴先時者大
本而莖殺而不遂葉槀短穗後時者小莖而
麻長短穗而厚糠小米鉗而不香得時之稻大
本而莖葆長桐疏穖穗如馬尾大粒無芒摶米

遼寧省圖書館藏
陶湘舊藏閔凌刻本集成

而薄糠舂之易而食之香如此者不益先時者
大本而莖葉格對短稠短穗多秕厚糠薄米多
芒後時者纖莖而不滋厚糠多秕庭辟米不得
恃定熟卬天而死得時之麻必芒以長疏節而
色陽小本而莖堅厚枲以均後熟多榮日夜分
復生如此者不蝗得時之菽長莖而短足其美
二七以爲族多枝數節競葉蕃實大菽則圓小
菽則摶以芳稱之重食之息以香如此者不蟲
先時者必長以蔓浮葉疏節小英不實後時者

短莖疏節本虛不實得時之麥秱長而頸黑二
七以爲行而服薄糕而赤色稱之重食之致香
以息使人肌澤且有力如此者不蚼蛆先時者
暑雨未至胕動蚼蛆而多疾其次羊以節後時
者弱苗而穗蒼狼薄色而美芒是故得時之稼
興失時之稼約莖相若稱之得時者重粟之多
量粟相若而舂之得時者多米量米相若而食
之得時者忍饑是故得時之稼其臭香其味甘
其氣章百日食之耳目聰明心意叡智四衛變

遼寧省圖書館藏
陶湘舊藏閔凌刻本集成

彊死氣不入身無苛殃黄帝曰四時之不正也正五穀而已矣

吳興凌毓相殿卿父校

遼寧省圖書館藏
陶湘舊藏閔凌刻本集成

呂氏春秋跋

周之季以言垂不朽者亡慮數十百家而呂氏特著呂氏一賈人子而能出奇贏之緒業與管商諸人並踞千秋之席非唯狡獪使然抑其理與其辭信足觀也渭南以一代妙手晤作者於千載之上煥若披面而呂氏之精神始出但訛沓相仍朱黄失序讐校之下良用缺然偶從諸大父遺簏中窺其所藏呂氏他本余得受而讀

之蓋將萃諸子之長以備一家言而未獲既其志茲猶鼎之一臠也夫前人所無弗敢益前人所有弗敢損凡以述其意而止以是廣之四方也其可乎

萬曆庚申中秋日西吳凌毓枏謹跋

淮南鴻烈解二十一卷（卷一—卷十）

（漢）劉安　撰
（明）茅坤　輯評

明刻朱墨套印本

原書高二十九點五釐米，寬十九釐米；
板框高二十點七釐米，寬十五點二釐米。

淮南鴻烈解擬評序

不佞得請卧田間日從友人龎門子品隲百氏兩京諸家言班馬成信史不朽於春秋而淮南安當建元右文之餘点集賢豪

今局列館剽莊列百家間持一
意浩蕩汪洋娓娓千百言乃
已自玄黄剖判靡不究極根
荄薈詳哉其言之也即畸瞋
目擬根之輩錯出不雅馴而

遼寧省圖書館藏
陶湘舊藏閔凌刻本集成

里缶箏脾使聽者豔爲希聲不忍棄去則句櫛之字縷之詳其腠理拟卻導窾歸於正途則詳釋贅行固博士之符券也鹿門從子一桂故嗜書

業已訂淮南鴻烈解行海内
而癈門子猶病其亡畧載取
拊評續之向若櫛字若縷不
啻誽左右翼而導之前茅也
安鴻烈其說固曲學者添毋

遼寧省圖書館藏
陶湘舊藏閔凌刻本集成

能為吾儒重而自有鹿門子
之評則馬班氏外未必非亞
旅云
㕛人臨海攖寧子敬所王宗
沐撰

遼寧省圖書館藏
陶湘舊藏閔凌刻本集成

淮南鴻烈解總目

遼寧省圖書館藏陶湘舊藏閔凌刻本集成

淮南所著其
言不盡繇一
人即此篇兼
括道術事情
最為龐雜然
梗概大都襲
老莊道之竅
御則性命道
之得手處則
無為其文斕
焉如錦

淮南鴻烈解卷一

原道訓

夫道者覆天載地廓四方柝八極高不可際深不可測包裹天地稟授無形源流泉浡沖而徐盈混混汨汨濁而徐清故植之而塞於天地橫之而彌於四海施之無窮而無所朝夕舒之幎於六合卷之不盈於一握約而能張幽而能明弱而能強柔而能剛橫四維而含陰陽紘宇宙而章三光甚淖而滒甚纖而微山以之高淵以之深獸以之走鳥以之飛日月以之

以上先極言道之大而微妙非至人不能得

無爲爲之二句一篇關節

張賓王曰閎富

明星歷以之行麟以之游鳳以之翔泰古二王得道之柄立於中央神與化游以撫四方是故能天運地滯輪轉而無廢水流而不止與萬物終始風興雲蒸事無不應雷聲雨降並應無窮鬼出電入龍興鸞集鈞旋轂轉周而復匝已彫已琢還反於樸無爲爲之而合於道無爲言之而通乎德恬愉無矜而得於和有萬不同而便於性神託於秋毫之末而大與宇宙之總其德優天地而和陰陽節四時而調五行呴嫗覆育萬物羣生潤於草木浸於金石禽獸碩大毫毛

遼寧省圖書館藏
陶湘舊藏閔凌刻本集成

張賓王曰氣如河决

二皇得道而神與化遊以撫四方儘力摹擬愈有生

潤澤羽翼奮也角觡生也獸胎不贕鳥卵不毈父無喪子之憂兄無哭弟之哀童子不孤婦人不孀虹蜺不出賊星不行含德之所致也夫太上之道生萬物而不有成化像而弗宰跂行喙息蠉飛蝡動待而後生莫之知德待而後死莫之能怨得以利者不能譽用而敗者不能非收聚畜積而不加富布施稟授而不益貧旋縣而不可究纖微而不可勤累之而不高墮之而不下益之而不衆損之而不寡斲之而不薄殺之而不殘鑿之而不深填之而不淺忽兮怳兮不

色不厭其詞之複

馮夷大丙得道故其御自超車馬策鍛之外

張賔王曰語語貴得道之大丈夫恬澹無思慮正是無爲天爲蓋地爲

可爲象兮怳兮忽兮用不屈兮幽兮冥兮應無形兮
遂兮洞兮不虛動兮與剛柔卷舒兮與陰陽俛仰兮
昔者馮夷大丙之御也乘雲車入雲蜺游微霧鶩怳
忽歷遠彌高以極往經霜雪而無迹照日光而無景
扶摇抮抱羊角而上經紀山川蹈騰崑崙排閶闔淪
天門末世之御雖有輕車良馬勁策利鍛不能與之
爭先是故大丈夫恬然無思澹然無慮以天爲蓋以
地爲輿四時爲馬陰陽爲御乘雲陵霄與造化者俱
縱志舒節以馳大區可以步而步可以驟而驟令雨

遼寧省圖書館藏陶湘舊藏閔凌刻本集成

輿四時爲馬陰陽爲御乃黄白沖舉之秘術也其言恍洋不羈可爲達者道

張賓王曰文陣雄厚

前云泰古二皇得道之柄此又云執道要之柄柄者何無爲耳已

即鏡水不設智故而方員

師灑道使風伯掃塵電以爲鞭策雷以爲車輪上游於霄霓之野下出於無垠之門劉覽偏照復守以全經營四隅還反於樞故以天爲蓋則無不覆也以地爲輿則無不載也四時爲馬則無不使也陰陽爲御則無不備也是故疾而不搖遠而不勞四支不動聰明不損而知八紘九野之形埒者何也執道要之柄而游於無窮之地是故天下之事不可爲也因其自然而推之萬物之變不可究也秉其要歸之趣夫鏡水之與形接也不設智故而方圓曲直弗能逃也是

曲直弗能逃以見達於道者不必有為

張賓王曰此段用樂記而稍改之遂不逮其精簡

大丈夫恬澹得道之妙至此而極

故響不肆應而景不一設叫呼仿佛默然自得人生而靜天之性也感而後動性之害也物至而神應知之動也知與物接而好憎生焉好憎成形而知誘於外不能反巳而天理滅矣故達於道者不以人易天外與物化而內不失其情至無而供其求時騁而要其宿小大修短各有其具萬物之至騰踴肴亂而不失其數是以處上而民弗重居前而衆弗害天下歸之姦邪畏之以其無爭於萬物也故莫敢與之爭夫臨江而釣曠日而不能盈羅雖有鉤箴芒距微綸芳

即兩喻句法變幻不同

釣射之具與其人俱得矣猶不能與網羅者競可見任小數之不如大道

以見機心之不可爲治

餌加之以詹何娟嬛之數猶不能與網罟爭得也射者扜烏號之弓彎綦衞之箭重之羿逢蒙子之巧以要飛鳥猶不能與羅者競多何則以所持之小也張天下以爲之籠因江海以爲罟又何亡魚失鳥之有乎故矢不若繳繳不若無形之像夫釋大道而任小數無以異於使蟹捕鼠蟾蠩捕蚤不足以禁姦塞邪亂乃逾滋昔者夏鯀作三仞之城諸侯背之海外有狡心禹知天下之叛也乃壞城平池散財物焚甲兵施之以德海外賓伏四夷納職合諸侯於塗山執玉

名言

二句本旨

帛者萬國故機械之心藏於胷中則純白不粹神德不全在身者不知何遠之所能懷是故革堅則兵利城成則衝生若以湯沃沸亂乃逾甚是故鞭噬狗策蹏馬而欲教之雖伊尹造父弗能化欲害之心亡於中則饑虎可尾何況狗馬之類乎故體道者逸而不窮任數者勞而無功夫峭法刻誅者非霸王之業也箠策繁用者非致遠之術也離朱之明察箴末於百步之外不能見淵中之魚師曠之聰合八風之調而不能聽十里之外故任一人之能不足以治三畝之

遼寧省圖書館藏
陶湘舊藏閔凌刻本集成

又從喻上轉若纍丸
張賓王曰無一語不鮮貴真所謂字直千金
錯綜天地萬物民居土俗一一有自然之性聖人所以事所謂無為而合乎道德

宅也脩道理之數因天地之自然則六合不足均也是故禹之決瀆也因水以爲師神農之播穀也因苗以爲教夫萍樹根於水木樹根於土鳥排虛而飛獸蹠實而走蛟龍水居虎豹山處天地之性也兩木相摩而然金火相守而流員者常轉窾者主浮自然之勢也是故春風至則甘雨降生育萬物羽者嫗伏毛者孕育草木榮華鳥獸卵胎莫見其爲者而功既成矣秋風下霜到生挫傷鷹鵰搏鷙昆蟲蟄藏草木注根魚鼈湊淵莫見其爲者滅而無形木處榛巢水居

張賓王曰何其快適惟民俗因土故聖人因民此非達於道者不能

窟穴禽獸有羌人民有室陸處宜牛馬舟行宜多水匈奴出穢裘於越生葛絺各生所急以備燥溼冬因所處以禦寒暑並得其宜物便其所由此觀之萬物固以自然聖人又何事焉九疑之南陸事寡而水事衆於是民人被髮文身以像鱗蟲短綣不絝以便涉游短袂攘卷以便刺舟因之也鴈門之北狄不穀食賤長貴壯俗尚氣力人不弛弓馬不解勒便之也故禹之裸國解衣而入衣帶而出因之也今夫徙樹者失其陰陽之性則莫不枯槁故橘樹之江北則化而

遼寧省圖書館藏
陶湘舊藏閔淩刻本集成

天門天解天機俱道也老氏所謂同出而異名

以上無非說人之不如天處至此總明白揭出之耳

爲枳鴝鵒不過濟貈渡汶而死形性不可易勢居不可移也是故達於道者反於清淨究於物者終於無爲以恬養性以漠處神則入於天門所謂天者純粹樸素質直皓白未始有與雜糅者也所謂人者偶睉智故曲巧僞詐所以俛仰於世人而與俗交者故牛岐蹏而戴角馬被髦而全足者天也絡馬之口穿牛之鼻者人也循天者與道游者也隨人者與俗交者也夫井魚不可與語大拘於隘也夏蟲不可與語寒篤於時也曲士不可與語至道拘於俗束於教也故

爭利者必窮是以古之聖人以不爭致治

張賓王曰此段亭亭奕奕

聖人不以人滑天不以欲亂情不謀而當不言而信不慮而得不爲而成精通於靈府與造化者爲人夫善游者溺善騎者墮各以其所好反自爲禍是故好事者未嘗不中爭利者未嘗不窮也昔共工之力觸不周之山使地東南傾與高辛爭爲帝遂潛於淵宗族殘滅繼嗣絶祀越王翳逃山穴越人熏而出之遂不得已由此觀之得在時不在爭治在道不在聖土處下不爭高故安而不危水下流不爭先故疾而不遲昔舜耕於歷山朞年而田者爭處墝埆以封壤肥

遼寧省圖書館藏
陶湘舊藏閔凌刻本集成

饒相讓釣於河濱朞年而漁者爭處湍瀨以曲隈深潭相予當此之時口不設言手不指麾執玄德於心而化馳若神使舜無其志雖口辯而戶說之不能化一人是故不道之道莽乎大哉夫能理三苗朝羽民徙裸國納肅慎未發號施令而移風易俗者其唯心行者乎法度刑罰何足以致之也是故聖人內修其本而不外飾其末保其精神偃其智故漠然無爲而無不爲也澹然無治也而無不治也所謂無爲者不先物爲也所謂不爲者因物之所爲所謂無治者不

守其根守其門即前云得道之柄

易自然也所謂無不治者因物之相然也萬物有所生而獨知守其根百事有所出而獨知守其門故窮無窮極無極照物而不眩響應而不乏此之謂天解故得道者志弱而事強心虛而應當所謂志弱而事強者柔毳安靜藏於不敢行於不能恬然無慮動不失時與萬物回周旋轉不爲先唱感而應之是故貴者必以賤爲號而高者必以下爲基託小以包大在中以制外行柔而剛用弱而強轉化推移得一之道而以少正多所謂其事強者遭變應卒排患扞難力

遼寧省圖書館藏陶湘舊藏閔凌刻本集成

名言也殺是老氏宗旨

無不勝敵無不凌應化揆時莫能害之是故欲剛者必以柔守之欲強者必以弱保之積於柔則剛積於弱則強觀其所積以知禍福之鄉強勝不若已者至於若已者而同柔勝出於已者其力不可量故兵強則滅木強則折革固則裂齒堅於舌而先之敝是故柔弱者生之榦也而堅強者死之徒也先唱者窮之路也後動者達之原也何以知其然也凡人中壽七十歲然而趨舍指湊日以月悔也以至於死故蘧伯玉年五十而知四十九年非何者先者難為知而後

按先後一段議論亦本老氏知雄守雌之旨

者易爲攻也先者上高則後者攀之先者踰下則後者壓之先者隤陷則後者以謀先者敗績則後者違之由此觀之先者則後者之弓矢質的也猶錞之與刃刃犯難而錞無患者何也以其託於後位也此俗世庸民之所公見也而賢知者弗能避也所謂後者非謂其底滯而不發凝竭而不流貴其周於數而合於時也夫執道理以耦變先亦制後後亦制先是何則不失其所以制人人不能制也時之反側間不容息先之則太過後之則不逮夫日回而月周時不與

遼寧省圖書館藏陶湘舊藏閔凌刻本集成

奇語

以下極力形容水處正是說至德

張賓王曰鋪張水之至德

人游故聖人不貴尺之璧而重寸之陰時難得而易失也禹之趨時也履遺而弗取冠挂而弗顧非爭其先也而爭其得時也是故聖人守清道而抱雌節因循應變常後而不先柔弱以靜舒安以定攻大磏堅莫能與之爭天下之物莫柔弱於水然而大不可極深不可測脩極於無窮遠淪於無崖息耗減益通於不訾上天則爲雨露下地則爲潤澤萬物弗得不生百事不得不成大包羣生而無好憎澤及蚑蟯而不求報富贍天下而不既德施百姓而不費行而不可

極甚宏麗

張賓王曰高華

借水極形容至德而後實以老氏之言讀其文可想見清淨無爲之妙此淮南原道本來面目

得窮極也微而不可得把握也擊之無創刺之不傷斬之不斷焚之不然淖溺流遁錯繆相紛而不可靡散利貫金石强濟天下動溶無形之域而翺翔忽區之上邅回川谷之間而滔騰大荒之野有餘不足與天地取與授萬物而無所前後是故無所私而無所公靡濫振蕩與天地鴻洞無所左而無所右蟠委錯紾與萬物始終是謂至德夫水所以能成其至德於天下者以其淖溺潤滑也故老聃之言曰天下至柔馳騁天下之至堅出於無有入於無間吾是以知無

遼寧省圖書館藏
陶湘舊藏閔凌刻本集成

物之有音有形俱道之一為之故下遂言一之能生萬物

爲之有益夫無形者物之大祖也無音者聲之大宗也其子爲光其孫爲水皆生於無形乎夫光可見而不可握水可循而不可毀故有像之類莫尊於水出生入死自無蹠有自有蹠無而以衰賤矣是故清靜者德之至也而柔弱者道之要也虛而恬愉者萬物之用也肅然應感殷然反本則淪於無形矣所謂無形者一之謂也所謂一者無匹合於天下者也卓然獨立塊然獨處上通九天下貫九野員不中規方不中矩大渾而爲一葉累而無根懷囊天地爲道關門

無形無聲無味無色俱所謂一而至其變化不可窮則誠上通九天下貫九野矣

穆忞隱閔純德獨存布施而不既用之而不勤是故視之不見其形聽之不聞其聲循之不得其身無形而有形生焉無聲而五音鳴焉無味而五味形焉無色而五色成焉是故有生於無實出於虚天下爲之圈則名實同居音之數不過五而五音之變不可勝聽也味之和不過五而五味之化不可勝嘗也色之數不過五而五色之變不可勝觀也故音者宫立而五音形矣味者甘立而五味亭矣色者白立而五色成矣道者一立而萬物生矣是故一之理施四海一

遼寧省圖書館藏
陶湘舊藏閔凌刻本集成

張賓王曰語語貴喜怒好惡憂悲嗜慾俱清

数句一篇做手工夫

之解際天地其全也純兮若樸其散也混兮若濁濁而徐清沖而徐盈澹兮其若深淵汎兮其若浮雲若無而有若亡而存萬物之總皆閱一孔百事之根皆出一門其動無形變化若神其行無迹常後而先是故至人之治也掩其聰明滅其文章依道廢智與民同出於公去其誘慕除其嗜欲損其思慮約其所守則察寡其所求則得夫任耳目以聽視者勞形而不明以知慮爲治者苦心而無功是故聖人一度循軌不變其宜不易其常放準修繩曲因其當夫喜怒者

淨之蠹至人能進道之功盖胸中逐一煞透畧不為所震撼此其聽天下若背風而馳

道之邪也憂悲者德之失也好憎者心之過也嗜欲者性之累也人大怒破陰大喜墜陽薄氣發瘖驚怖爲狂憂悲多恚病乃成積好憎繁多禍乃相隨故心不憂樂德之至也通而不變靜之至也嗜欲不載虛之至也無所好憎平之至也不與物散粹之至也能此五者則通於神明通於神明者得其內者也是故以中制外百事不廢中能得之則外能收之中之得則五藏寧思慮平筋力勁強耳目聰明疏達而不悖堅強而不鞼無所大過而無所不逮處小而不過處

遼寧省圖書館藏
陶湘舊藏閔凌刻本集成

大而不窕其䰟不躁其神不嬈湫漻寂寞爲天下梟

大道坦坦去身不遠求之近者往而復反近謂身也

迫則能應感則能動物穆無窮變無形像優游委縱

如響之與景登高臨下無失所秉履危行險無忘玄

伏能存之此其德不虧萬物紛糅與之轉化以聽天

下若背風而馳是謂至德至德則樂矣古之人有居

巖穴而神不遺者末世有勢爲萬乘而日憂悲者由

此觀之聖亡乎治人而在於得道樂亡乎富貴而在

於得和知大已而小天下則幾於道矣所謂樂者豈

張賓王曰洗
發精神

必處京臺章華游雲夢沙丘耳聽九韶六瑩口味煎
熬芬芳馳騁夷道釣射鸕鷞之謂樂乎吾所謂樂者
人得其得者夫得其得者不以奢爲樂不以廉爲悲
與陰俱閉與陽俱開故子夏心戰而臞得道而肥聖
人不以心役物不以欲滑和是故其爲矔不忻忻其
爲悲不惙惙萬方百變消搖而無所定吾獨慷慨遺
物而與道同出是故有以自得之也喬木之下空穴
之中足以適情無以自得也雖以天下爲家萬民爲
臣妾不足以養生也能至於無樂者則無不樂無不

遼寧省圖書館藏
陶湘舊藏閔凌刻本集成

張賓王曰不獨光華璀燦說透人情令人爽然自失

非深知至德之樂不能說得如此快人沉而悟之可涉釋氏真空境界

以下言失其得而不樂者由其不得於中所以不得

樂則至極樂矣夫建鐘鼓列管絃席旃茵傅旄象耳聽朝歌北鄙靡靡之樂齊靡曼之色陳酒行觴夜以繼日強弩弋高鳥走犬逐狡兎此其爲樂也炎炎赫赫怵然若有所誘慕解車休馬罷酒徹樂而心忽然若有所喪悵然若有所亡也是何則不以內樂外而以外樂內樂作而喜曲終而悲悲喜轉而相生精神亂營不得須臾平察其所以不得其形而日以傷生失其得者也是故內不得於中稟授於外而以自飾也不浸於肌膚不浹於骨髓不留於心志不滯於五

於中者由不能反諸心性蓋心性即前所為一此教人入道之扃鑰也

藏故從外入者無主於中不止從中出者無應於外不行故聽善言便計雖愚者知說之稱至德高行雖不肖者知慕之說之者衆而用之者鮮慕之者多而行之者寡所以然者何也不能反諸性也夫內不開於中而強學問者不入於耳而不著於心此何以異於聾者之歌也效人為之而無以自樂也聲出於口則越而散矣夫心者五藏之主也所以制使四支流行血氣馳騁於是非之境而出入於百事之門戶者也是故不得於心而有經天下之氣是猶無耳而欲

遼寧省圖書館藏
陶湘舊藏閔凌刻本集成

許由之能遺天下者由其能自得此自得者蓋得道之人也

調鐘鼓無目而欲喜文章也亦必不勝其任矣故天下神器不可爲也爲者敗之執者失之夫許由小天下而不以已易堯者志遺於天下也所以然者何也因天下而爲天下也天下之要不在於彼而在於我不在於人而在於身我身得則萬物備矣徹於心術之論則嗜欲好憎外矣是故無所喜而無所怒無所樂而無所苦萬物玄同也無非無是化育玄燿生而如死夫天下者亦吾有也吾亦天下之有也天下之與我豈有間哉夫有天下者豈必攝權持勢操殺生

在齊民處樂則易湎處憂則易懟而得道之聖人則不失所以自得

之柄而以行其號令邪吾所謂有天下者非謂此也自得而已自得則天下亦得我矣吾與天下相得則常相有已又焉有不得容其間者乎所謂自得者全其身者也全其身則與道爲一矣故雖游於江潯海裔馳要褭建翠蓋目觀掉羽武象之樂耳聽滔朗奇麗激抮之音揚鄭衞之浩樂結激楚之遺風射沼濱之高鳥逐苑囿之走獸此齊民之所以淫泆流湎聖人處之不足以營其精神亂其氣志使心怵然失其情性處窮僻之鄉側谿谷之間隱于榛薄之中環堵

遼寧省圖書館藏
陶湘舊藏閔凌刻本集成

得道者能齊憂樂由性命之情處其所安至後總以形氣神剖出性命來

之室茨之以生茅蓬戶甕牖揉桑爲樞上漏下溼潤浸北房雪霜滾灖浸潭苽蔣逍遥於廣澤之中而仿洋於山峽之旁此齊民之所爲形植黎累憂悲而不得志也聖人處之不爲愁悴怨懟而不失其所以自樂也是何也則内有以通於天機而不以貴賤貧富勞逸失其志德者也故夫烏之啞啞鵲之唶唶豈嘗爲寒暑燥溼變其聲哉是故夫得道已定而不待萬物之推移也非以一時之變化而定吾所以自得也吾所謂得者性命之情處其所安也夫性命者與形

俱出其宗形備而性命成性命成而好憎生矣故士
有一定之論女有不易之行規矩不能方圓鉤繩不
能曲直天地之永登丘不可爲修居卑不可爲短是
故得道者窮而不懾達而不榮處高而不機持盈而
不傾新而不朗久而不渝入火不焦入水不濡是故
不待勢而尊不待財而富不待力而強平虛不流與
化翱翔若然者藏金於山藏珠於淵不利貨財不貪
勢名是故不以康爲樂不以慊爲悲不以貴爲安不
以賤爲危形神氣志各居其宜以隨天地之所爲夫

遼寧省圖書館藏
陶湘舊藏閔凌刻本集成

歸本之言

張賓王曰自此至篇末俱以養神守氣為主轉說轉透足悉微言

此慎守形氣神之利

形者生之舍也氣者生之充也神者生之制也一失位則三者傷矣是故聖人使人各處其位守其職而不得相干也故夫形者非其所安也而處之則廢氣不當其所充而用之則泄神非其所宜而行之則昧此三者不可不慎守也夫舉天下萬物蚑蟯貞蟲蝡動蚑作皆知其所喜憎利害者何也以其性之在焉而不離也忽去之則骨肉無倫矣今人之所以眭然能視營然能聽形體能抗而百姓可屈伸察能分白黑視醜美而知能別同異明是非者何也氣為之充

此狂者不慎守形氣神之害

而神爲之使也何以知其然也凡人之志各有所在而神有所繫者其行也足蹪趎埳頭抵植木而不自知也招之而不能見也呼之而不能聞也耳目去之也然而不能應者何也神失其守也故在於小則忘於大在於中則忘於外在於上則忘於下在於左則忘於右無所不充則無所不在是故貴虛者以毫末爲宅也今夫狂者之不能避水火之難而越溝瀆之險者豈無形神氣志哉然而用之異也失其所守之位而離其外內之舍是故舉錯不能當動靜不能中

遼寧省圖書館藏
陶湘舊藏閔凌刻本集成

張賓王曰名言此貪饕者不愼守形氣神之害

張賓王曰徹底精神論至道而結之以形氣神此長生久視之左道也至

終身運枯形於連嶁列埒之門而蹪蹈於汚壑穽陷之中雖生俱與人鈞然而不免爲人戮笑者何也形神相失也故以神爲主者形從而利以形爲制者神從而害貪饕多欲之人漠睧於勢利誘慕於名位冀以過人之智植于高世則精神日耗而彌遠久淫而不還形閉中距則神無由入矣是以天下時有盲妄自失之患此膏燭之類也火逾然而消逾亟夫精神氣志者靜而日充者以壯躁而日耗者以老是故聖人將養其神和弱其氣平夷其形而與道沈浮俛仰

淮南鴻烈解二十一卷　卷一

如委衣發機
則尤老氏宗
旨

恬然則縱之迫則用之其縱之也若委衣其用之也若發機如是則萬物之化無不遇而百事之變無不應

張賓王曰此篇以虛無無為為宗而善因善下處後處柔皆其發斡抽條處結歸於精神之恬夷是鴻烈之極有爲者其文蔚爲如繡

又曰文之品貴者庀材未闔華鮮者抽思未徹至如原道一訓百斛明珠千箱雲錦煥爲充斥炫目駴心其入玄奥處往往直叩中扃發無剩旨

此篇眼骨專重養神以體道而尤必遇至德之世而後可行多勦馬蹄胠篋諸篇而雜以吊詭之談與參同契葢相接武

淮南鴻烈解卷二

俶眞訓

有始者有未始有有始者有未始有夫未始有有始者有有者有無者有未始有有無者有未始有夫未始有有無者所謂有始者繁憤未發萌兆牙蘖未有形埒垠堮無無蝡蝡將欲生興而未成物類有未始有有始者天氣始下地氣始上陰陽錯合相與優游競暢於宇宙之間被德含和繽紛蘢蓯欲與物接而未成兆朕有未始有夫未始有有始者天含和而未

降地懷氣而未揚虛無寂寞蕭條霄霓無有仿佛氣
遂而大通冥冥者也有有者言萬物摻落根莖枝葉
青葱苓蘢萑蔰炫煌蠉飛蝡動蚑行噲息可切循把
握而有數量有無者視之不見其形聽之不聞其聲
捫之不可得也望之不可極也儲與扈冶浩浩瀚瀚
不可隱儀揆度而通光耀者有未始有有無者包裹
天地陶冶萬物大通混冥深閎廣大不可爲外析毫
剖芒不可爲內無環堵之宇而生有無之根有未始
有夫未始有有無者天地未剖陰陽未判四時未分

前借莊生語立論而釋之止此

喻意懇切語氣如游龍

萬物未生汪然平靜寂然清澄莫見其形若光燿之間於無有退而自失也曰予能有無而未能無無也及其爲無無至妙何從及此哉夫大塊載我以形勞我以生逸我以老休我以死善我生者乃所以善我死也夫藏舟於壑藏山於澤人謂之固矣雖然夜半有力者負而趨寐者不知猶有所遁若藏天下於天下則無所遁其形矣物豈可謂無大揚擢乎一範人之形而猶喜若人者千變萬化而未始有極也弊而復新其爲樂也可勝計邪譬若𡪢爲鳥而飛於天𡪢

亦本莊生齊死生之說來

爲魚而沒於淵方其寱也不知其寱也覺而後知其寱也今將有大覺然後知今此之爲大寱也始吾未生之時焉知生之樂也今吾未死又焉知死之不樂也昔公牛哀轉病也七日化爲虎其兄掩戶而入覘之則虎搏而殺之是故文章成獸爪牙移易志與心變神與形化方其爲虎也不知其嘗爲人也方其爲人不知其且爲虎也二者代謝舛馳各樂其成形狡猾鈍惛是非無端孰知其所萌夫水嚮冬則凝而爲冰冰迎春則泮而爲水冰水移易於前後若周員而

遼寧省圖書館藏
陶湘舊藏閔凌刻本集成

言善養形者須先養神

含哺鼓腹景象正善養神

趨孰暇知其所苦樂乎是故形傷於寒暑燥濕之虐者形苑而神壯神傷乎喜怒思慮之患者神盡而形有餘故罷馬之死也剝之若槁狡狗之死也割之有濡是故傷死者其鬼嬈時既者其神漠是皆不得形神俱没也夫聖人用心杖性依神相扶而得終始是故其寐不夢其覺不憂古之人有處混冥之中神氣不蕩於外萬物恬漠以愉靜攙搶衡杓之氣莫不彌靡而不能爲害當此之時萬民猖狂不知東西含哺而游鼓腹而熙交被天和食於地德不以曲故是非

者

真人所以不解構人間由其得一之道故如下文所云

相尤茫茫洸洸是謂大治於是在上位者左右而使之毋淫其性鎮撫而有之毋遷其德是故仁義不布而萬物蕃殖賞罰不施而天下賓服其道可以大美興而難以算計舉也是故日計之不足而歲計之有餘夫魚相忘於江湖人相忘於道術古之眞人立於天地之本中至優游抱德煬和而萬物雜累焉孰肯解構人間之事以物煩其性命乎夫道有經紀條貫得一之道連千枝萬葉是故貴有以行令賤有以忘卑貧有以樂業困有以處危夫大寒至霜雪降然後

遼寧省圖書館藏陶湘舊藏閔凌刻本集成

知松栢之茂也據難履危利害陳於前然後知聖人
之不失道也是故能戴大員者履大方鏡太清者視
大明立太平者處大堂能游冥冥者與日月同光是
故以道爲竿以德爲綸禮樂爲鉤仁義爲餌投之於
江浮之於海萬物紛紛孰非其有夫挾依於跂躍之
術提挈人間之際撣掞挺挏世之風俗以摸蘇牽連
物之微妙猶得肆其志充其欲何況懷瓌瑋之道忘
肝膽遺耳目獨浮游無方之外不與物相弊摋中徙
倚無形之域而和以天地者乎若然者偃然聰明而

真人惟遊於形之外故其神定如此

抱其太素以利害爲塵垢以死生爲晝夜是故目觀玉輅琬象之狀耳聽白雪清角之聲不能以亂其神登千仞之谿臨蝯眩之岸不足以滑其和譬若鍾山之玉炊以鑪炭三日三夜而色澤不變則至德天地之精也是故生不足以使之利何足以動之死不足以禁之害何足以恐之明於死生之分達於利害之變雖以天下之大易骭之一毛無所槩於志也夫貴賤之於身也猶條風之時麗也毀譽之於已猶蚊虻之一過也夫秉皓白而不黑行純粹而不糅處玄冥

遼寧省圖書館藏
陶湘舊藏閔凌刻本集成

而不闐休於天鈞而不碣孟門終隆之山不能禁唯體道能不敗湍瀨旋淵呂梁之深不能留也太行石澗飛狐句望之險不能難也是故身處江海之上而神游魏闕之下非得一原孰能至於此哉是故與至人居使家忘貧使王公簡其富貴而樂卑賤勇者衰其氣貪者消其欲坐而不教立而不議虛而往者實而歸故不言而能飲人以和是故至道無爲一龍一蛇盈縮卷舒與時變化外從其風內守其性耳目不燿思慮不營其所居神者臺簡以游太清引楯萬物

淮南鴻烈解二十一卷 卷二

此正道出一原之故

羣美萌生是故事其神者神去之休其神者神居之道出一原通九門散六衢設於無垓坫之宇寂漠以虚無非有爲於物也物以有爲於巳也是故擧事而順於道者非道之所爲也道之所施也夫天之所覆地之所載六合所包陰陽所呴雨露所濡道德所扶此皆生一父母而閲一和也是故槐榆與橘柚合而爲兄弟有苗與三危通爲一家夫目視鴻鵠之飛耳聽琴瑟之聲而心在鴈門之間一身之中神之分離剖判六合之内一擧而千萬里是故自其異者視之

遼寧省圖書館藏陶湘舊藏閔凌刻本集成

墨楊申商於治道各有所偏由其不達同異之理

張賓王曰扶玄洞幽詞采扶疎譬喻精切

肝膽胡越自其同者視之萬物一圈也百家異說名有所出若夫墨楊申商之於治道猶蓋之無一橑而輪之無一輻有之可以備數無之未有害於用也已自以爲獨擅之不通之於天地之情也今夫冶工之鑄器金踴躍於鑪中必有波溢而播棄者其中地而凝滯亦有以象於物者矣其形雖有所小周哉然未可以保於周室之九鼎也有况比於規形者乎其與道相去亦遠矣今夫萬物之疏躍枝舉百事之莖葉條𣏗皆本於一根而條循千萬也若此則有所受之

喻上轉喻如九層之臺

矣而非所授者所受者無授也而無不受也無不受也者譬若周雲之蘢蓯遼巢彭濞而爲雨沈溺萬物而不與爲溼焉今夫善射者有儀表之度如工匠有規矩之數此皆所得以至於妙然而奚仲不能爲逢蒙造父不能爲伯樂者是曰諭於一曲而不通於萬方之際也今以涅染緇則黑於涅以藍染青則青於藍涅非緇也青非藍也茲雖遇其毋而無能復化已是何則以諭其轉而益薄也何況夫未始有涅藍造化之者乎其爲化也雖鏤金石書竹帛何足以舉其

遼寧省圖書館藏
陶湘舊藏閔凌刻本集成

生於有一句俶真本旨

數由此觀之物莫不生於有也小大優游矣夫秋毫之末淪於無間而復歸於大矣蘆苻之厚通於無壂而復反於敦龐若夫無秋豪之微蘆苻之厚四達無境通於無圻而莫之要御夭遏者其襲微重妙挺挏萬物揣丸變化天地之間何足以論之夫疾風敦木而不能拔毛髮雲臺之高墮者折脊碎腦而蟁蝱適足以翱翔夫與蚑蟯同乘天機夫受形於一圈飛輕微細者猶足以脫其命又況未有類也由此觀之無形而生有形亦明矣是故聖人託其神於靈府而歸

於萬物之初視於冥冥聽於無聲冥冥之中獨見曉焉寂漠之中獨有照焉其用之也以不用其不用也而後能用之其知也乃不知其不知也而後能知之也夫天不定日月無所載地不定草木無所植所立於身者不寧是非無所形是故有真人然後有真知其所持者不明庸詎知吾所謂知之非不知歟今夫積惠重厚累愛襲恩以聲華嘔苻嫗掩萬民百姓使知之訢訢然人樂其性者仁也舉大功立顯名體君臣正上下明親疏等貴賤存危國繼絶世決拏治煩

遼寧省圖書館藏
陶湘舊藏閔凌刻本集成

非詆仁義與下犧尊溝斷之喻倶祖莊生蓋其意惟欲養神而得其本性

興毀宗立無後者義也閉九竅藏心志棄聰明反無識芒然仿佯於塵埃之外而消搖於無事之業含陰吐陽而萬物和同者德也是故道散而爲德德溢而爲仁義仁義立而道德廢矣百圍之木斬而爲犧尊鏤之以剞劂雜之以青黄華藻鎛鮮龍蛇虎豹曲成文章然其斷在溝中壹比犧尊溝中之斷則醜美有間矣然而失木性鈞也是故神越者其言華德蕩者其行僞至精亡於中而言行觀於外此不免以身役物矣夫趨舍行僞者爲精求於外也精有湫盡而行

篇中多以聖人眞人言並言蓋溺於沖舉黃白之術者臣雷公四句具是畫箇虛無影子

無窮極則滑心濁神而惑亂其本矣其所守者不定而外淫於世俗之風所斷差跌者而內以濁其清明是故躊躇以終而不得須臾恬澹矣是故聖人內修道術而不外飾仁義不知耳目之宣而游於精神之和若然者下揆三泉上尋九天橫廓六合揲貫萬物此聖人之游也若夫眞人則動溶於至虛而游於滅亡之野騎蜚廉而從敦圄馳於方外休乎宇內燭十日而使風雨臣雷公役夸父妾宓妃妻織女天地之間何足以留其志是故虛無者道之舍平易者道之

遼寧省圖書館藏
陶湘舊藏閔凌刻本集成

凍者假衣暍者望風與無故求藥皆失其神明而離其宅者

素夫人之事其神而嬈其精營慧然而有求於外此皆失其神明而離其宅也是故凍者假兼衣於春而暍者望冷風於秋夫有病於内者必有色於外矣夫梣木色青翳而蠃瘉蝸睆此皆治目之藥也人無故求此物者必有蔽其明者聖人之所以駭天下者眞人未嘗過焉賢人之所以矯世俗者聖人未嘗觀焉夫牛蹏之涔無尺之鯉塊阜之山無丈之材所以然者何也皆其營宇狹小而不能容巨大也又況乎以無裏之者耶此其爲山淵之勢亦遠矣夫人之拘於

伏羲氏以下凡、四段其意謂遞降而衰總欲反其虛

世也必形繫而神泄故不免於虛使我可係羈者必其有命在於外也至德之性甘瞑於溷澖之域而倚徙於汗漫之宇提挈天地而委萬物以鴻濛爲景柱而浮揚乎無畛崖之際是故聖人呼吸陰陽之氣而羣生莫不顒顒然仰其德以和順當此之時莫之領理決離隱密而自成渾渾蒼蒼純樸未散旁薄爲一而萬物大優是故雖有羿之知而無所用之及世之衰也至伏羲氏其道昧昧芒芒然吟德懷和被施頗烈而知乃始昧昧晽晽皆欲離其童蒙之心而覺視

遼寧省圖書館藏
陶湘舊藏閔凌刻本集成

無以成至德之世

於天地之間是故其德煩而不能一乃至神農黃帝剖判大宗竅領天地襲九窾重九熱提挈陰陽嫥捖剛柔枝解葉貫萬物百族使各有經紀條貫於此萬民睢睢盱盱然莫不竦身而載聽視是故治而不能和下棲遲至於昆吾夏后之世嗜欲連於物聰明誘於外而性命失其得施及周室之衰澆淳散樸雜道以僞儉德以行而巧故萌生周室衰而王道廢儒墨乃始列道而議分徒而訟於是博學以疑聖華誣以脅衆弦歌鼓舞緣飾詩書以買名譽於天下繁登降

之禮飾紱冕之服聚衆不足以極其變積財不足以
贍其費於是萬民乃始慲觟離跂各欲行其知僞以
求鑿枘於世而錯擇名利是故百姓曼衍於淫荒之
陂而失其大宗之本夫世之所以喪性命有衰漸以
然所由來者久矣是故聖人之學也欲以返性於初
而游心於虛也達人之學也欲以通性於遼廓而覺
於寂漠也若夫俗世之學也則不然擢德攓性內愁
五藏外勞耳目乃始招蟯振繾物之毫芒搖消掉捎
仁義禮樂暴行越智於天下以招號名聲於世此我

遼寧省圖書館藏
陶湘舊藏閔凌刻本集成

俗世之招號名聲亦能損神故譽不勸非不沮則無虧

所羞而不爲也是故與其有天下也不若有説也與其有説也不若尚羊物之終始也而條達有無之際是故舉世而譽之不加勸舉世而非之不加沮定於死生之境而通於榮辱之理雖有炎火洪水彌靡於天下神無虧缺於胷臆之中矣若然者視天下之間猶飛羽浮芥也孰肯分分然以物爲事也水之性真清而土汨之人性安靜而嗜欲亂之夫人之所受於天者耳目之於聲色也口鼻之於芳臭也肌膚之於寒燠其情一也或通於神明或不免於癡狂者何也

其所爲制者異也是故神者智之淵也淵清則智明矣智者心之府也智公則心平矣人莫鑑於流沫而鑑於止水者以其靜也莫窺形於生鐵而窺於明鏡者以覩其易也夫唯易且靜形物之性也由此觀之用也必假之於弗用也是故虛室生白吉祥止也夫鑑明者塵垢弗能薶神清者嗜欲弗能亂精神已越於外而事復返之是失之於本而求之於末也外內無符而欲與物接弊其玄光而求知之於耳目是釋其炤炤而道其冥冥也是之謂失道心有所至而神

遼寧省圖書館藏陶湘舊藏閔凌刻本集成

張賓王曰讀其文泠然快心

應前用也假之於弗用

喟然在之反之於虛則消鑠滅息此聖人之游也故古之治天下也必達乎性命之情其舉錯未必同也其合於道一也夫夏日之不披裘者非愛之也燠有餘於身也冬日之不用翣者非簡之也凊有餘於適也夫聖人量腹而食度形而衣節於己而已貪污之心奚由生哉故能有天下者必無以天下爲也能有名譽者必無以趨行求者也聖人有所於達達則嗜欲之心外矣孔墨之弟子皆以仁義之術教導於世然而不免於儡身猶不能行也又況所教乎是何則

聖人真人與
前換應摠不
出養神一語

其道外也夫以末求返於本許由不能行也又況齊民乎誠達於性命之情而仁義固附矣趨捨何足以滑心若夫神無所掩心無所載通洞條達恬漠無事無所凝滯虛寂以待勢利不能誘也辯者不能說也聲色不能淫也美者不能濫也知者不能動也勇者不能恐也此真人之道也若然者陶冶萬物與造化者爲人天地之間宇宙之內莫能夭遏夫化生者不死而化物者不化神經於驪山太行而不能難入於四海九江而不能濡處小隘而不塞橫扃天地之間

遼寧省圖書館藏
陶湘舊藏閔凌刻本集成

此不養神而徒役肢體聰明之無益於治

而不窕不通此者雖目數千羊之羣耳分八風之調足蹀陽阿之舞而手會綠水之趨智終天地明照日月辯解連環澤潤玉石猶無益於治天下也靜漠恬澹所以養性也和愉虛無所以養德也外不滑內則性得其宜性不動和則德安其位養生以經世抱德以終年可謂能體道矣若然者血脈無鬱滯五藏無蔚氣禍福弗能撓滑非譽弗能塵垢故能致其極非有其世孰能濟焉有其人不遇其時身猶不能脫又況無道乎且人之情耳目應感動心志知憂樂手足

之攅疾蟲辟寒暑所以與物接也蜂蠆螫指而神不能憺蚉蝱噆膚而知不能平夫憂患之來攖人心也非直蜂蠆之螫毒而蚉蝱之慘怛也而欲靜漠虛無奈之何哉夫目察秋毫之末耳不聞雷霆之聲耳調玉石之聲目不見太山之高何則小有所志而大有所忘也今萬物之來擢拔吾性攓取吾情有若泉源雖欲勿稟其可得邪今夫樹木者灌以瀿水疇以肥壤一人養之十人拔之則必無餘櫱有況與一國同伐之哉雖欲久生豈可得乎今盆水在庭淸之終日

遼寧省圖書館藏
陶湘舊藏閔凌刻本集成

自憂患之來至此搃見神之易濁而難清

前所謂有其世而能濟者

未能見眉睫濁之不過一撓而不察方貟人神易濁而難清猶盆水之類也況一世而撓滑之曷得須臾平乎古者至德之世賈便其肆農樂其業大夫安其職而處士修其道當此之時風雨不毀折草木不夭九鼎重味珠玉潤澤洛出丹書河出綠圖故許由方回善卷披衣得達其道何則世之主有欲利天下之心是以人得自樂其間四子之才非能盡善蓋今之世也然莫能與之同光者遇唐虞之時逮至夏桀殷紂燔生人辜諫者爲炮烙鑄金柱剖賢人之心析才

前所謂不遇其時身猶不能脫者

此至末旁引曲証並言體道之有係於世

士之脛醢鬼矦之女葅梅伯之骸當此之時嶢山崩三川涸飛鳥鎩翼走獸擠脚當此之時豈獨無聖人哉然而不能通其道者不遇其世夫鳥飛千仞之上獸走叢薄之中禍猶及之又況編戶齊民乎由此觀之體道者不專在於我亦有繫於世矣夫歷陽之都一夕反而爲湖勇力聖知與罷怯不肖者同命巫山之上順風縱火膏夏紫芝與蕭艾俱死故河魚不得明目穉稼不得育時其所生者然也故世治則愚者不得獨亂世亂則智者不能獨治身蹈於濁世之中

張賓王曰結處泠然

而責道之不行也是猶兩絆騏驥而求其致千里也置猨檻中則與豚同非不巧捷也無所肆其能也舜之耕陶也不能利其里南面王則德施乎四海仁非能益也處便而勢利也古之聖人其和愉寧靜性也其志得道行命也是故性遭命而後能行命得性而後能明烏號之弓谿子之弩不能無絃而射越舲蜀艇不能無水而浮今矰繳機而在上罜罟張而在下雖欲翺翔其勢焉得故詩云采采卷耳不盈傾筐嗟我懷人寘彼周行以言慕遠世也

樂伯

論天文先之七政而次則五音六律分野支干逐一詳次其間災異之變妖祥之應洞徹終始矣

淮南鴻烈解卷三

天文訓

天墜未形馮馮翼翼洞洞灟灟故曰大昭道始於虛霩虛霩生宇宙宇宙生氣氣有漢垠清陽者薄靡而爲天重濁者凝滯而爲地清妙之合專易重濁之凝竭難故天先成而地後定天地之襲精爲陰陽陰陽之專精爲四時四時之散精爲萬物積陽之熱氣生火火氣之精者爲日積陰之寒氣爲水水氣之精者爲月日月之淫爲精者爲星辰天受日月星辰地受

張賓王曰陰陽物類之相感

水潦塵埃昔者共工與顓頊爭爲帝怒而觸不周之山天柱折地維絕天傾西北故日月星辰移焉地不滿東南故水潦塵埃歸焉天道曰圓地道曰方方者主幽圓者主明明者吐氣者也是故火曰外景幽者含氣者也是故水曰内景吐氣者施含氣者化是故陽施陰化天之偏氣怒者爲風地之含氣和者爲雨陰陽相薄感而爲雷激而爲霆亂而爲霧陽氣勝則散而爲雨露陰氣勝則凝而爲霜雪毛羽者飛行之類也故屬於陽介鱗者蟄伏之類也故屬於陰日者

遼寧省圖書館藏
陶湘舊藏閔凌刻本集成

陽燧等物與
國之政其感
天文若應景
然萬物有以
相連精祲有
以相盪也

天吏四句一
篇要領

陽之主也是故春夏則羣獸除日至而麋鹿解月者
陰之宗也是以月虛而魚腦減月死而蠃蛖膲火上
蕁水下流故鳥飛而高魚動而下物類相動本標相
應故陽燧見日則燃而爲火方諸見月則津而爲水
虎嘯而谷風至龍舉而景雲屬麒麟鬬而日月食鯨
魚死而彗星出蠶珥絲而商弦絕賁星墜而勃海決
人主之情上通於天故誅暴則多飄風枉法令則多
蟲螟殺不辜則國赤地令不收則多淫雨四時者天
之吏也日月者天之使也星辰者天之期也虹蜺彗

星者天之忌也天有九野九千九百九十九隅去地五億萬里五星八風二十八宿五官六府紫宮太微軒轅咸池四守天阿何謂九野中央曰鈞天其星角亢氐東方曰蒼天其星房心尾東北曰變天其星箕斗牽牛北方曰玄天其星須女虛危營室西北方曰幽天其星東壁奎婁西方曰昊天其星胃昴畢西南方曰朱天其星觜巂參東井南方曰炎天其星輿鬼柳七星東南方曰陽天其星張翼軫何謂五星東方木也其帝太皞其佐句芒執規而治春其神爲歲星

遼寧省圖書館藏陶湘舊藏閔凌刻本集成

其獸蒼龍其音角其日甲乙南方火也其帝炎帝其
佐朱明執衡而治夏其神爲熒惑其獸朱鳥其音徵
其日丙丁中央土也其帝黄帝其佐后土執繩而制
四方其神爲鎭星其獸黄龍其音宫其日戊巳西方
金也其帝少昊其佐蓐收執矩而治秋其神爲太白
其獸白虎其音商其日庚辛北方水也其帝顓頊其
佐玄冥執權而治冬其神爲辰星其獸玄武其音羽
其日壬癸太陰在四仲則歲星行三宿太陰在四鈎
則歲星行二宿二八十六三四十二故十二歲而行

政失於此則變見於彼若響之應聲自然之符也

二十八宿日行十二分度之一歲行三十度十六分度之七十二歲而周熒惑常以十月入太微受制而出行列宿司無道之國爲亂爲賊爲疾爲喪爲饑爲兵出入無常辯變其色時見時匿鎮星以甲寅元始建斗歲鎮行一宿當居而弗居其國亡土未當居而居之其國益地歲熟日行二十八分度之一歲行十三度百一十二分度之五一十八歲而周太白元始以正月甲寅與熒惑晨出東方二百四十日而入入百二十日而夕出西方二百四十日而入入三十五

遼寧省圖書館藏
陶湘舊藏閔凌刻本集成

八風分配八音八節之氣聖人所以遵時序而出令按土方而定官

日而復出東方出以辰戌入以丑未當出而不出未當入而入天下偃兵當入而不入當出而不出天下興兵辰星正四時常以二月春分效奎婁以五月夏至效東井輿鬼以八月秋分效角亢以十一月冬至效斗牽牛出以辰戌入以丑未出二旬而入晨候之東方夕候之西方一時不出其時不和四時不出天下大饑何謂八風距日冬至四十五日條風至條風至四十五日明庶風至明庶風至四十五日清明風至清明風至四十五日景風至景風至四十五日涼

風至涼風至四十五日閶闔風至閶闔風至四十五

日不周風至不周風至四十五日廣莫風至條風至

則出輕繫去稽留明庶風至則正封疆修田疇清明

風至則出幣帛使諸矦景風至則爵有位賞有功涼

風至則報地德祀四郊閶闔風至則收縣垂琴瑟不

張不周風至則修宮室繕邊城廣莫風至則閉關梁

決刑罰何謂五官東方爲田南方爲司馬西方爲理

北方爲司空中央爲都何謂六府子午丑未寅申卯

酉辰戌巳亥是也太微者太一之庭也紫宫者太一

遼寧省圖書館藏
陶湘舊藏閔凌刻本集成

之居也軒轅者帝妃之舍也咸池者水魚之囿也天阿者羣神之闕也四宮者所以爲司賞罰太微者主朱雀紫宮執斗而左旋日行一度以周於天日冬至峻狼之山日移一度月行百八十二度八分度之五而夏至牛首之山反覆三百六十五度四分度之一而成一歲天一元始正月建寅日月俱入營室五度天一以始建七十六歲日月復以正月入營室五度無餘分名曰一紀凡二十紀一千五百二十歲大終日月星辰復始甲寅元日行一度而歲有奇四分度

之一故四歲而積千四百六十一日而復合故舍八十歲而復故曰子午卯酉爲二繩丑寅辰巳未申戌亥爲四鉤東北爲報德之維也西南爲背陽之維東南爲常羊之維西北爲蹏通之維日冬至則斗北中繩陰氣極陽氣萌故曰冬至爲德日夏至則斗南中繩陽氣極陰氣萌故曰夏至爲刑陰氣極則北至北極下至黃泉故不可以鑿地穿井萬物閉藏蟄蟲首穴故曰德在室陽氣極則南至南極上至朱天故不可以夷丘上屋萬物蕃息五穀兆長故曰德在野日

遼寧省圖書館藏
陶湘舊藏閔凌刻本集成

蔡邕律暦記候鍾律權土炭冬至陽氣應黃鍾通土炭輕而衡仰夏至陰氣應蕤賓通土炭重而衡低先後進退五日之中揺之陰陽一盛一衰毫不可奕也

冬至則水從之日夏至則火從之故五月火正而水漏十一月水正而陰勝陽氣爲火陰氣爲水水勝故夏至溼火勝故冬至燥燥故炭輕溼故炭重日冬至井水盛盆水溢羊脫毛麋角解鵲始巢八尺之修日中而景丈三尺日夏至而流黃澤石精出蟬始鳴半夏生蟁蝱不食駒犢鷙鳥不搏黃口八尺之景修徑尺五寸景修則陰氣勝景短則陽氣勝陰氣勝則爲水陽氣勝則爲旱陰陽刑德有七舍何謂七舍室堂庭門巷術野十二月德居室三十日先日至十五日

斗所指支干十五日一變因有二十四氣而於律各有所屬如環之無端與陰

後日至十五日而徙所居各三十日德在室則刑在野德在堂則刑在術德在庭則刑在巷陰陽相德則刑德合門八月二月陰陽氣均日夜分平故曰刑德合門德南則生刑南則殺故曰二月會而萬物生八月會而草木死兩維之間九十一度十六分度之五而升日行一度十五日爲一節以生二十四時之變斗指子則冬至音比黃鍾加十五日指癸則小寒音比應鍾加十五日指丑則大寒音比無射加十五日指報德之維則越陰在地故曰距日冬至四十六日

遼寧省圖書館藏
陶湘舊藏閔凌刻本集成

陽之神妙也

而立春。陽氣凍解。音比南呂。加十五日指寅。則雨水。音比夷則。加十五日指甲。則雷驚蟄。音比林鍾。加十五日指卯。中繩。故曰春分。則雷行。音比蕤賓。加十五日指乙。則清明風至。音比仲呂。加十五日指辰。則穀雨。音比姑洗。加十五日指常羊之維。則春分盡。故曰有四十六日而立夏。大風濟。音比夾鍾。加十五日指巳。則小滿。音比太蔟。加十五日指丙。則芒種。音比太呂。加十五日指午。則陽氣極。故曰有四十六日而夏至。音比黄鍾。加十五日指丁。則小暑。音比太呂。加十五日指未則大暑音比太蔟加十五日指背陽之維則夏分盡故曰有四十六日而立秋涼風至音比夾鍾加十五日指甲則處暑音比姑洗加十五日指庚則白露降音比仲呂加十五日指酉中繩故曰秋分雷戒蟄蟲北鄉音比蕤賓加十五日指辛則寒露音比林鍾加十五日指戌則霜降音比夷則加十五日指蹏通之維則秋分盡故曰有四十六日而立冬草木畢死音比南呂加十五日指亥則小雪音比無射加十五日指壬則大雪音比應鍾加十五日指子故

遼寧省圖書館藏
陶湘舊藏閔凌刻本集成

日陽生於子陰生於午陽生於子故十一月日冬至鵲始加巢人氣鍾首陰生於午故五月爲小刑薺麥亭歷枯冬生草木必死斗杓爲小歲正月建寅月從左行十二辰咸池爲太歲二月建卯月從右行四仲終而復始太歲迎者辱背者強左者衰右者昌小歲東南則生西北則殺不可迎也而可背也不可左也而可右也其此之謂也大時者咸池也小時者月建也天維建元常以寅始起右徙一歲而移十二歲而大周天終而復始淮南元年冬太一在丙子冬至甲

午立春丙子二陰一陽成氣二二陽一陰成氣三合
氣而爲音合陰而爲陽合陽而爲律故曰五音六律
音自倍而爲日律自倍而爲辰故日十而辰十二月
日行十三度七十六分度之二十六二十九日九百
四十分日之四百九十九而爲月而以十二月爲歲
歲有餘十日九百四十分日之八百二十七故十九
歲而七閏日冬至子午夏至卯酉冬至加三日則夏
至之日也歲遷六日終而復始壬午冬至甲子受制
木用事火煙青七十二日丙子受制火用事火煙赤

遼寧省圖書館藏
陶湘舊藏閔凌刻本集成

如江都相董生推言陰陽四時相繼父生之子養之毋成之子藏之故春生仁夏長德秋成義冬藏禮此四時之序聖人之所則也

七十二日戊子受制土用事火煙黄七十二日庚子受制金用事火煙白七十二日壬子受制水用事火煙黑七十二日而歲終庚子受制歲遷六日以數推之七十歲而復至甲子甲子受制則行柔惠挺羣禁開闔扇通障塞毋伐木丙子受制則舉賢良賞有功立封侯出貨財戊子受制則養老鰥寡行稃鬻施恩澤庚子受制則繕牆垣修城廓審羣禁飾兵甲儆百官誅不法壬子受制則閉門閭大搜客斷刑罰殺當罪息關梁禁外徙甲子氣燥濁丙子氣燥陽戊子氣

五行占歲之法

溼濁。庚子氣燥寒。壬子氣淸寒。丙子干甲子。蟄蟲早出。故雷早行。戊子干甲子。胎夭卵瑕。鳥蟲多傷。庚子干甲子。有兵。壬子干甲子。春有霜。戊子干丙子。霆。庚子干丙子。夷。壬子干丙子。雹。甲子干丙子。地動。庚子干戊子。五穀有殃。壬子干戊子。夏寒雨霜。甲子干戊子。介蟲不爲。丙子干戊子。大旱。苽封熯。壬子干庚子。大剛。魚不爲。甲子干庚子。草木再死再生。丙子干庚子。草木復榮。戊子干庚子。歲或存或亡。甲子干壬子。冬乃不藏。丙子干壬子。星墜。戊子干壬子。蟄蟲冬出

遼寧省圖書館藏陶湘舊藏閔凌刻本集成

其鄉。庚子干壬子。冬雷其鄉。季春三月。豐隆乃出。以
將其雨。至秋三月。地氣不藏。乃收其殺。百蟲蟄伏。靜
居閉戶。青女乃出。以降霜雪。行十二時之氣。以至於
仲春二月之夕。乃收其藏而閉其寒。女夷鼓歌。以司
天和。以長百穀禽鳥草木。孟夏之月。以熟穀禾。雄鳩
長鳴。爲帝候歲。是故天不發其陰。則萬物不生。地不
發其陽。則萬物不成。天圓地方。道在中央。日爲德。月
爲刑。月歸而萬物死。日至而萬物生。遠山則山氣藏。
遠水則水蟲蟄。遠木則木葉槁。日五日不見。失其位

日所至而萬物生之處凡十五所其間支干十二律亦以此爲推驗

也聖人不與也日出於暘谷浴於咸池拂於扶桑是謂晨明登於扶桑爰始將行是謂朏明至於曲阿是謂旦明至於曾泉是謂蚤食至於桑野是謂晏食至於衡陽是謂隅中至於昆吾是謂正中至於鳥次是謂小還至於悲谷是謂餔時至於女紀是謂大還至於淵虞是謂高春至於連石是謂下春至於悲泉爰止其女爰息其馬是謂縣車至於虞淵是謂黃昏至於蒙谷是謂定昏日入於虞淵之汜曙於蒙谷之浦行九州七舍有五億萬七千三百九里禹以爲朝晝

昏夜夏日至則陰乘陽是以萬物就而死冬日至則陽乘陰是以萬物仰而生晝者陽之分夜者陰之分是以陽氣勝則日修而夜短陰氣勝則日短而夜修帝張四維運之以斗月徙一辰復反其所正月指寅十二月指丑一歲而匝終而復始指寅則萬物螾律受太蔟太蔟者蔟而未出也指卯卯則茂茂然律受夾鍾夾鍾者種始莢也指辰辰則振之也律受姑洗姑洗者陳去而新來也指巳巳則生巳定也律受仲呂仲呂者中充大也指午午者忤也律受蕤賓蕤賓

斗之所指下應十二律天所以通五行八正之氣所以成熟萬物也

者安而服也指未未昧也律受林鍾林鍾者引而止也指申申者呻之也律受夷則夷則者易其則也德以去矣指酉酉者飽也律受南呂南呂者任包大也指戌戌者滅也律受無射無射入無厭也指亥亥者閡也律受應鍾應鍾者應其鍾也指子子者茲也律受黃鍾黃鍾者鍾已黃也指丑丑者紐也律受大呂大呂者旅旅而去也其加卯酉則陰陽分日夜平矣故曰規生矩殺衡長權藏繩居中央爲四時根道曰規始於一一而不生故分而爲陰陽陰陽合和而萬

遼寧省圖書館藏
陶湘舊藏閔凌刻本集成

物生故曰一生二二生三三生萬物天地三月而爲一時故祭祀三飯以爲禮喪紀三踊以爲節兵重三罕以爲制以三參物三三如九故黄鍾之律九寸而宫音調因而九之九九八十一故黄鍾之數立焉黄者土德之色鍾者氣之所種也日冬至德氣爲土土色黄故曰黄鍾律之數六分爲雌雄故曰十二鍾以副十二月十二各以三成故置一而十一三之爲積分十七萬七千一百四十七黄鍾大數立焉凡十二律黄鍾爲宫太蔟爲商姑洗爲角林鍾爲徵南呂爲

一陽生於子
黃鍾位子故
黃鍾爲聲氣
之元而五音
十二律生焉

羽物以三成音以五立三與五如八故卵生者八竅

律之初生也寫鳳之音故音以八生黃鍾爲宫宫者

音之君也故黃鍾位子其數八十一主十一月下生

林鍾林鍾之數五十四主六月上生太蔟太蔟之數

七十二主正月下生南吕南吕之數四十八主八月

上生姑洗姑洗之數六十四主三月下生應鍾應鍾

之數四十二主十月上生蕤賓蕤賓之數五十七主

五月上生大吕大吕之數七十六主十二月下生夷

則夷則之數五十一主七月上生夾鍾夾鍾之數六

遼寧省圖書館藏陶湘舊藏閔凌刻本集成

十八主二月下生無射無射之數四十五主九月上生仲呂仲呂之數六十主四月極不生徵生宫宫生商商生羽羽生角角生姑洗姑洗生應鍾比於正音故爲和應鍾生蕤賓不比正音故爲繆日冬至音比林鍾浸以濁日夏至音比黄鍾浸以清以十二律應二十四時之變甲子仲呂之徵也丙子夾鍾之羽也戊子黄鍾之宫也庚子無射之商也壬子夷則之角也古之爲度量輕重生乎天道黄鍾之律修九寸物以三生三九二十七故幅廣二尺七寸音以八相生

此度量權衡之始

故人修八尺尋自倍故八尺而爲尋有形則有聲音之數五以五乘八五八四十故四丈而爲匹匹者中人之度也一匹而爲制秋分蔈定蔈定而禾熟律之數十二故十二蔈而當一粟十二粟而當一寸律以當辰音以當日日之數十故十寸而爲尺十尺而爲丈其以爲量十二粟而當一分十二分而當一銖十二銖而當半兩衡有左右因倍之故二十四銖爲一兩天有四時以成一歲因而四之四四十六故十六兩而爲一斤三月而爲一時三十日爲一月故三十

遼寧省圖書館藏
陶湘舊藏閔凌刻本集成

陽生陰爲下生陰生陽爲上生律書云以下生者倍其實三其法以上生者四其實三其法

斤爲一鈞四時而爲一歲故四鈞爲一石其以爲音也一律而生五音十二律而爲六十音因而六之六六三十六故三百六十音以當一歲之日故律歷之數天地之道也下生者倍以三除之上生者四以三除之

太陰元始建於甲寅一終而建甲戌二終而建甲午三終而復得甲寅之元歲徙一辰立春之後得其辰而遷其所順前三後五百事可舉太陰所建蟄蟲首穴而處鵲巢鄉而爲戶太陰在寅朱鳥在卯勾陳在

子玄武在戌白虎在酉蒼龍在辰寅爲建卯爲除辰爲滿巳爲平主生午爲定未爲執主陷申爲破主衡酉爲危主杓戌爲成主小德亥爲收主大德子爲開主太歲丑爲閉主太陰太陰在寅歲名曰攝提格其雄爲歲星舍斗牽牛以十一月與之晨出東方東井輿鬼爲對太陰在卯歲名曰單閼歲星舍須女虛危以十二月與之晨出東方柳七星張爲對太陰在辰歲名曰執除歲星舍營室東壁以正月與之晨出東方翼軫爲對太陰在巳歲名曰大荒落歲星舍奎婁

遼寧省圖書館藏
陶湘舊藏閔淩刻本集成

二十八宿之所經度本有定在故太陰之行與之爲對

以二月與之晨出東方角亢爲對太陰在午歲名曰敦牂歲星舍胃昴畢以三月與之晨出東方氐房心爲對太陰在未歲名曰協洽歲星舍觜巂參以四月與之晨出東方尾箕爲對太陰在申歲名曰涒灘歲星舍東井輿鬼以五月與之晨出東方斗牽牛爲對太陰在酉歲名曰作鄂歲星舍柳七星張以六月與之晨出東方須女虛危爲對太陰在戌歲名曰閹茂歲星舍翼軫以七月與之晨出東方營室東壁爲對太陰在亥歲名曰大淵獻歲星舍角亢以八月與之

晨出東方奎婁爲對太陰在子歲名困敦歲星舍氐房心以九月與之晨出東方胃昴畢爲對太陰在丑歲名曰赤奮若歲星舍尾箕以十月與之晨出東方觜巂參爲對太陰在甲子刑德合東方宮常徙所不勝合四歲而離離十六歲而復合所以離者刑不得入中宮而徙於木太陰所居曰德辰爲刑德綱曰日倍因柔曰徙所不勝刑水辰之木木辰之水金火立其處凡徙諸神朱鳥在太陰前一鉤陳在後三玄武在前五白虎在後六虛星乘鉤陳而天地襲矣凡日

遼寧省圖書館藏
陶湘舊藏閔凌刻本集成

五行生死之所屬金木水火土之窮極盡矣

甲剛乙柔丙剛丁柔以至於癸木生於亥壯於卯死於未三辰皆木也火生於寅壯於午死於戌三辰皆火也土生於午壯於戌死於寅三辰皆土也金生於巳壯於酉死於丑三辰皆金也水生於申壯於子死於辰三辰皆水也故五勝生一壯五終九五九四十五故神四十五日而一徙以三應五故八徙而歲終凡用太陰左前刑右背德擊鉤陳之衝辰以戰必勝以攻必剋欲知天道以日爲主六月當心左周而行分而爲十二月與日相當天地重襲後必無殃星正

經星所屬分野特標其梗

月建營室二月建奎婁三月建胃四月建畢五月建東井六月建張七月建翼八月建亢九月建房十月建尾十一月建牽牛十二月建虛

星分度角十二亢九氐十五房五心五尾十八箕十一四分一斗二十六牽牛八須女十二虛十危十七營室十六東壁九奎十六婁十二胃十四昴十一畢十六觜巂二參九東井三十輿鬼四柳十五星七張翼各十八軫十七凡二十八宿也

星部地名角亢鄭氐房心宋尾箕燕斗牽牛越須女

遼寧省圖書館藏陶湘舊藏閔凌刻本集成

騤耳至班椽所載則其疆域風土治亂靡不具見

吳虛危齊營室東壁衞奎婁魯胃昴畢魏觜嶲參趙東井輿鬼秦柳七星張周翼軫楚歲星之所居五穀豐昌其對爲衝歲乃有殃當居而不居越而之他處主死國亡太陰治春則欲行柔惠温涼太陰治夏則欲布施宣明太陰治秋則欲修備繕兵太陰治冬則欲猛毅剛彊三歲而改節六歲而易常故三歲而一饑六歲而一衰十二歲一康甲齊乙東夷丙楚丁南夷戊魏己韓庚秦辛西夷壬衞癸越子周丑翟寅楚卯鄭辰晉巳衞午秦未宋申齊酉魯戌趙亥燕甲乙

寅卯木也丙丁巳午火也戊巳四季土也庚辛申酉金也壬癸亥子水也水生木木生火火生土土生金金生水子生母曰義母生子曰保子母相得曰專母勝子曰制子勝母曰困以勝擊殺勝而無報以專從事而有功以義行理名立而不墮以保畜養萬物蕃昌以困舉事破滅死亡北斗之神有雌雄十一月始建於子月從一辰雄左行雌右行五月合午謀刑十一月合子謀德太陰所居辰爲厭日厭日不可以舉百事堪輿徐行雄以音知雌故爲奇辰數從甲子始

遼寧省圖書館藏陶湘舊藏閔凌刻本集成

即歲星所臨
可知國之吉
凶

子母相求所合之處爲合十日十二辰周六十日凡
八合合於歲前則死亡合於歲後則無殃甲戌燕也
乙酉齊也丙午越也丁巳楚也庚申秦也辛卯戎也
壬子趙也癸亥胡也戊戌巳亥韓也巳酉巳卯魏也
戊午戊子八合天下也太陰小歲星日辰五神皆合
其日有雲氣風雨國君當之天神之貴者莫貴於青
龍或曰天一或曰太陰太陰所居不可背而可鄉北
斗所擊不可與敵天地以設分而爲陰陽陽生於陰
陰生於陽陰陽相錯四維乃通或死或生萬物乃成

蚑行喙息。莫貴於人。孔竅肢體。皆通於天。天有九重。人亦有九竅。天有四時。以制十二月。人亦有四肢。以使十二節。天有十二月。以制三百六十日。人亦有十二肢。以使三百六十節。故舉事而不順天者。逆其生者也。以日冬至數來歲正月朔日。五十日者。民食足。不滿五十日。日減一斗。有餘日。日益一升。有其歲司也。

遼寧省圖書館藏
陶湘舊藏閔凌刻本集成

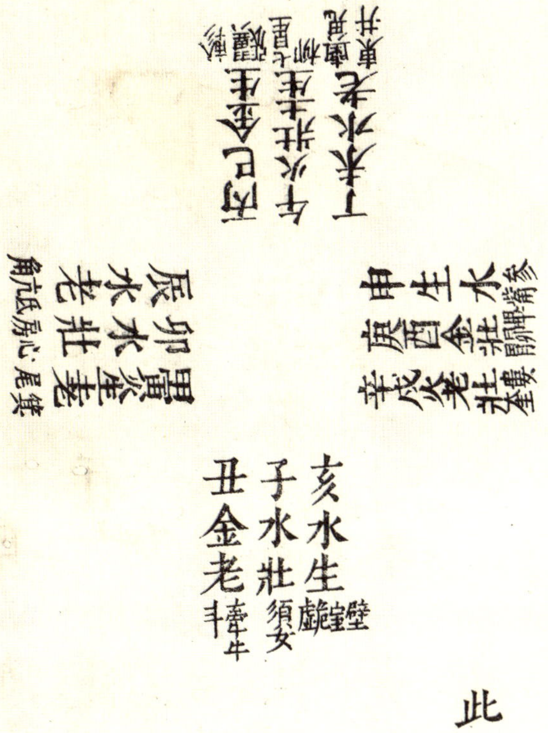
丙巳金生 張翼軫
午火壯 柳七星
丁未火老 東井輿鬼
申生水 參觜
庚酉金壯 畢昴胃
辛戌火老壯 婁奎
甲寅火生 尾箕
卯水壯 房心
辰水老 角亢氐
亥水生 壁室危虛
子水壯 須女
丑金老 斗牽牛

此圖藏本式

此圖今刊本式
與前圖兩存之
以備參考云

遼寧省圖書館藏
陶湘舊藏閔凌刻本集成

攝提格至赤奮若但以歲支占歲

攝提格之歲歲早水晚旱稻疾蠶不登菽麥昌民食四升寅在甲曰閼逢

單閼之歲歲和稻菽麥蠶昌民食五升卯在乙曰旃蒙

執除之歲歲早旱晚水小饑蠶閉麥熟民食三升辰在丙曰柔兆

大荒荒之歲歲有小兵蠶小登麥昌菽疾民食二升巳在丁曰強圉

敦牂之歲歲大旱蠶登稻疾菽麥昌禾不爲民食二

升。午在戊曰著雝。
協洽之歲。歲有小兵。蠶登。稻昌。菽麥不爲。民食三升。
未在巳曰屠維。
涒灘之歲。歲和。小雨行。蠶登。菽麥昌。民飲三升。申在
庚曰上章。
作鄂之歲。歲有大兵。民疾。蠶不登。菽麥不爲。禾蟲。民
食五升。酉在辛曰重光。
掩茂之歲。歲小饑。有兵。蠶不登。麥不爲。菽昌。民食七
升。戌在壬曰玄黓。

遼寧省圖書館藏陶湘舊藏閔凌刻本集成

用表測景之法寖失其初此亦淮南諸儒勦襲陳語耳當參之唐貞觀中曆家

大淵獻之歲歲有大兵大饑蠶開菽麥不爲禾蟲民食三升

困敦之歲歲大霧起大水出蠶稻麥昌民食三斗子在癸曰昭陽

赤奮若之歲歲有小兵早水蠶不出稻疾菽不爲麥昌民食一升

正朝夕先樹一表東方操一表却去前表十步以參望日始出北廉日直入又樹一表於東方因西方之表以參望日方入北廉則定東方兩表之中與西方

言其法迺備

之表則東西之正也日東至日出東南維入西南維至春秋分日出東中入西中夏至出東北維入西北維至則正南欲知東西南北廣袤之數者立四表以爲方一里岠先春分若秋分十餘日從岠北表參望日始出及旦以候相應相應則此與日直也輒以南表參望之以入前表數爲法除舉廣除立表袤以知從此東西之數也假使視日出入前表中一寸是寸得一里也一里積萬八千寸得從此東萬八千里視日方入入前表半寸則半寸得一里半寸而除一里

遼寧省圖書館藏
陶湘舊藏閔淩刻本集成

積寸得三萬六千里除則從此西里數也并之東西里數也則極徑也未春分而直已秋分而不直此處南也未秋分而直已春分而不直此處北也分至而直此處南北中也從中處欲知中南也未秋分而不直此處南北中也從中處欲知南北極遠近從西南表參望日日夏至始出與北表參則是東與東北表等正東萬八千里則從中北亦萬八千里也倍之南北之里數也其不從中之數也以出入前表之數益損之表入一寸寸減日近一里表出一寸寸益遠一

里。欲知天之高。樹表高一丈。正南北相去千里。同日度其陰。北表二尺。南表尺九寸。是南千里陰短寸。南二萬里則無景。是直日下也。陰二尺而得高一丈者。南一而高五也。則置從此南至日下里數。因而五之。爲十萬里。則天高也。若使景與表等。則高與遠等也。

遼寧省圖書館藏陶湘舊藏閔凌刻本集成

是訓采獲舊聞考迹詩書而其文則職方氏可尋源而按者其中錯綜天地點綴宇宙如畫史矣

淮南鴻烈解卷四

墬形訓

墬形之所載六合之間四極之內昭之以日月經之以星辰紀之以四時要之以太歲天地之間九州八極土有九山山有九塞澤有九藪風有八等水有六品何謂九州東南神州曰農土正南次州曰沃土西南戎州曰滔土正西弇州曰并土正中冀州曰中土西北台州曰肥土正北濟州曰成土東北薄州曰隱土正東陽州曰申土何謂九山會稽泰山王屋首山

總計四海道里覽者覺有黍米世界之意

太華岐山太行羊腸孟門何謂九塞曰太汾澠阨荊阮方城殽阪井陘令疵句注居庸何謂九藪曰越之具區楚之雲夢秦之陽紆晉之大陸鄭之圃田宋之孟諸齊之海隅趙之鉅鹿燕之昭余何謂八風東北曰炎風東方曰條風東南曰景風南方曰巨風西南曰涼風西方曰飂風西北曰麗風北方曰寒風何謂六水曰河水赤水遼水黑水江水淮水闔四海之內東西二萬八千里南北二萬六千里水道八千里通谷其名川六百陸徑三千里禹乃使太章步自東極

遼寧省圖書館藏
陶湘舊藏閔凌刻本集成

至於西極二億三萬三千五百里七十五步使豎亥步自北極至於南極二億三萬三千五百里七十五步凡鴻水淵藪自三百仞以上二億三萬三千五百五十里有九淵禹乃以息土填洪水以爲名山掘崑崙虛以下地中有增城九重其高萬一千里百一十四步二尺六寸上有木禾其修五尋珠樹玉樹璇樹不死樹在其西沙棠琅玕在其東絳樹在其南碧樹瑤樹在其北旁有四百四十門門間四里里間九純純丈五尺旁有九井玉橫維其西北之隅北門開以

此又添出黃水丹水

內不周之風傾宮旋室縣圃涼風樊桐在崑崙閶闔之中是其疏圃疏圃之池浸之黃水黃水三周復其原是謂丹水飲之不死河水出崑崙東北陬貫渤海入禹所導積石山赤水出其東南陬西南注南海丹澤之東赤水之東弱水出自窮石至於合黎餘波入於流沙絕流沙南至南海洋水出其西北陬入於南海羽民之南凡四水者帝之神泉以和百藥以潤萬物崑崙之丘或上倍之是謂涼風之山登之而不死或上倍之是謂懸圃登之乃靈能使風雨或上倍之

遼寧省圖書館藏
陶湘舊藏閔凌刻本集成

九州之外有八殥八紘八極即騶衍所稱中國於天下八十分居其一分之說

乃維上天登之乃神是謂太帝之居扶木在陽州日之所曊建木在都廣衆帝所自上下日中無景呼而無響蓋天地之中也若木在建木西末有十日其華照下地九州之大純方千里九州之外乃有八殥亦方千里自東北方曰大澤曰無通東方曰大渚曰少海東南方曰具區曰元澤南方曰大夢曰浩澤西南方曰渚資曰丹澤西方曰九區曰泉澤西北方曰大夏曰海澤北方曰大冥曰寒澤凡八殥八澤之雲是雨九州八殥之外而有八紘亦方千里自東北方曰

和丘曰荒土東方曰棘林曰桑野東南方曰大窮曰
衆女南方曰都廣曰反戸西南方曰焦僥曰炎土西
方曰金丘曰沃野西北方曰一目曰沙所北方曰積
冰曰委羽凡八紘之氣是出寒暑以合八正必以風
雨八紘之外乃有八極自東北方曰方土之山曰蒼
門東方曰東極之山曰開明之門東南方曰波母之
山曰陽門南方曰南極之山曰暑門西南方曰編駒
之山曰白門西方曰西極之山曰閶闔之門西北方
曰不周之山曰幽都之門北方曰北極之山曰寒門

遼寧省圖書館藏
陶湘舊藏閔凌刻本集成

諸方物產之美皆八紘八殥八極雲雨所生

東西為緯四向此地形之

凡八極之雲是雨天下八門之風是節寒暑八紘八殥八澤之雲以雨九州而和中土東方之美者有醫母閭之珣玗琪焉東南方之美者有會稽之竹箭焉南方之美者有梁山之犀象焉西南方之美者有華山之金石焉西方之美者有霍山之珠玉焉西北方之美者有崑崙之球琳琅玕焉北方之美者有幽都之筋角焉東北方之美者有斥山之文皮焉中央之美者有岱嶽以生五穀桑麻魚鹽出焉凡地形東西爲緯南北爲經山爲積德川爲積刑高者爲生下者

脉絡處

爲死丘陵爲牡谿谷爲牝水圓折者有珠方折者有玉清水有黃金龍淵有玉英土地各以其類生是故山氣多男澤氣多女障氣多喑風氣多聾林氣多癃木氣多傴岸下氣多尰石氣多力險阻氣多癭暑氣多夭寒氣多壽谷氣多痺丘氣多狂衍氣多仁陵氣多貪輕土多利重土多遲清水音小濁水音大湍水人輕遲水人重中土多聖人皆象其氣皆應其類故南方有不死之草北方有不釋之冰東方有君子之國西方有形殘之尸寢居直夢人死爲鬼磁石上飛

前山氣多男一段單說人類此則合天地之跂行蝡息者悉可概見

雲母來水土龍致雨燕鴈代飛蛤蟹珠龜與月盛衰是故堅土人剛弱土人肥壚土人大沙土人細息土人美耗土人醜食水者善游能寒食土者無心而慧食木者多力而㸑食草者善走而愚食葉者有絲而蛾食肉者勇敢而捍食氣者神明而壽食穀者知慧而夭不食者不死而神凡人民禽獸萬物貞蟲各有以生或奇或偶或飛或走莫知其情唯知通道者能原本之天一地二人三三三而九九九八十一一主日日數十日主人人故十月而生八九七十二二主

奇偶之數應前昭之以日月四句

偶偶以成奇奇主辰辰主月月主馬馬故十二月而生七九六十三三主斗斗主犬犬故三月而生六九五十四四主時時主彘彘故四月而生五九四十五五主音音主猨猨故五月而生四九三十六六主律律主麋鹿麋鹿故六月而生三九二十七七主星星主虎虎故七月而生二九十八八主風風主蟲蟲故八月而化鳥魚皆生於陰陰屬於陽故鳥魚皆卵生魚游於水鳥飛於雲故立冬燕雀入海化爲蛤萬物之生而各異類蠶食而不飲蟬飲而不食蜉蝣不飲

遼寧省圖書館藏陶湘舊藏閔凌刻本集成

不食介鱗者夏食而冬蟄齧吞者八竅而卵生嚼咽
者九竅而胎生四足者無羽翼戴角者無上齒無角
者膏而無前有角者指而無後晝生者類父夜生者
似母至陰生牝至陽生牡夫熊羆蟄藏飛鳥時移是
故白水宜玉黑水宜砥青水宜碧赤水宜丹黃水宜
金清水宜龜汾水濛濁而宜麻濟水通和而宜麥河
水中濁而宜菽雒水輕利而宜禾渭水多力而宜黍
漢水重安而宜竹江水肥仁而宜稻平土之人慧而
宜五穀

模擬五方民
生物産可綴
禹貢

東方川谷之所注日月之所出其人兑形小頭隆鼻大口鳶肩企行竅通於目筋氣屬焉蒼色主肝長大早知而不壽其地宜麥多虎豹

南方陽氣之所積暑濕居之其人修形兑上大口決眦竅通於耳血脉屬焉赤色主心早壯而夭其地宜稻多兕象

西方高土川谷出焉日月入焉其人面末僂修頸卬行竅通於鼻皮革屬焉白色主肺勇敢不仁其地宜黍多旄犀

北方幽晦不明天之所閉也寒水之所積也蟄蟲之所伏也其人翕形短頸大肩下尻竅通於陰骨幹屬焉黑色主腎其人惷愚禽獸而壽其地宜菽多犬馬中央四達風氣之所通雨露之所會也其人大面短頤美鬚惡肥竅通於口膚肉屬焉黄色主胃慧聖而好治其地宜禾多牛羊及六畜木勝土土勝水水勝火火勝金金勝木故禾春生秋死菽夏生冬死麥秋生夏死薺冬生中夏死木壯水老火生金囚土死火壯木老土生水囚金死土壯火老金生木囚水死金

五行之生各歸於本可見物極則反非獨人為蓋亦天道

壯土老水生火因木死水壯金老木生土因火死音有五聲宮其主也色有五章黃其主也味有五變甘其主也位有五材土其主也是故鍊土生木鍊木生火鍊火生雲鍊雲生水鍊水反土鍊甘生酸鍊酸生辛鍊辛生苦鍊苦生鹹鍊鹹反甘變宮生徵變徵生商變商生羽變羽生角變角生宮是故以水和土以土和火以火化金以金治木木復反土五行相治所以成器用

凡海外三十六國自西北至西南方有修股民天民

遼寧省圖書館藏
陶湘舊藏閔凌刻本集成

三十六國之
民其形大異
五方海外風
氣之殊如此

肅慎民白民沃民女子民丈夫民竒股民一臂民
三身民自西南至東南方結胷民羽民讙頭國民裸
國民三苗民交股民不死民穿胷民反舌民豕喙民
鑿齒民三頭民修臂民自東南至東北方有大人國
君子國黑齒民玄股民毛民勞民自東北至西北方
有跂踵民句嬰民深目民無腸民柔利民一目民無
繼民雒棠武人在西北陬硥魚在其南有神二人連
臂爲帝候夜在其西南方三珠樹在其東北方有玉
樹在赤水之上崑崙華丘在其東南方爰有遺玉青

馬視肉楊桃甘樝甘華百果所生和丘在其東北陬三桑無枝在其西夸父耽耳在其北方夸父棄其策是爲鄧林昆吾丘在南方軒轅丘在西方巫咸在其北方立登保之山暘谷搏桑在東方有娀在不周之北長女簡翟少女建疵西王母在流沙之瀕樂民拏閭在崑崙弱水之洲三危在樂民西宵明燭光在河洲所照方千里龍門在河淵湍池在崑崙玄燿不周申池在海隅孟諸在沛少室太室在冀州燭龍在鴈門北蔽於委羽之山不見日其神人面龍身而無足

遼寧省圖書館藏
陶湘舊藏閔凌刻本集成

后稷壠在建木西其人死復蘇其半魚在其間流黃
沃民在其北方三百里狗國在其東雷澤有神龍身
人頭鼓其腹而熈江出岷山東流絶漢入海左還北
流至於開母之北右還東流至於東極河出積石睢
出荊山淮出桐柏山睢出羽山清漳出楬戾濁漳出
發包濟出王屋時泗沂出臺台術洛出獵山汶出弗
其流合於濟漢出嶓冢涇出薄落之山渭出鳥鼠同
穴伊出上魏雒出熊耳浚出華竅維出覆舟汾出燕
京衽出濆熊淄出目飴丹水出高褚股出嶕山鎬出

容羽毛鱗介五類俱由無情而之有情相代謝而盛

鮮于。涼出茅盧石梁。汝出猛山。淇出大號。晉出龍山。結給。合出封羊。遼出砥石。釜出景。岐出石橋。呼池出魯平。泥塗淵出樠山。維濕北流出於燕。

諸稽攝提。條風之所生也。通視。明庶風之所生也。赤奮若。清明風之所生也。共工。景風之所生也。諸比。涼風之所生也。皐稽。閶闔風之所生也。隅強。不周風之所生也。窮奇。廣莫風之所生也。窔生海人。海人生若菌。若菌生聖人。聖人生庶人。凡容者生於庶人。羽嘉生飛龍。飛龍生鳳皇。鳳皇生鸞鳥。鸞鳥生庶鳥。凡羽

遼寧省圖書館藏
陶湘舊藏閔凌刻本集成

者生於庶鳥毛犢生應龍應龍生建馬建馬生麒麟
麒麟生庶獸凡毛者生於庶獸介鱗生蛟龍蛟龍生
鯤鯁鯤鯁生建邪建邪生庶魚凡鱗者生於庶魚介
潭生先龍先龍生玄黿玄黿生靈龜靈龜生庶龜凡
介者生於庶龜煖濕生容煖濕生於毛風毛風生於
濕玄濕玄生羽風羽風生煖介煖介生鱗薄鱗薄生
煖介五類雜種興乎外肖形而蕃日馮生陽閼陽閼
生喬如喬如生幹木幹木生庶木凡根拔木者生於
庶木根拔生程若程若生玄玉玄玉生醴泉醴泉生

五土之氣上御乎天而及陰陽相薄爲雷電則復下而合於海此五行之精化生既極而歸藏其宅也

皇辜。皇辜生庶草。凡根茇草者生於庶草。海閭生屈龍。屈龍生容華。容華生蔈。蔈生萍藻。萍藻生浮草。凡浮生不根茇者生於萍藻。正土之氣也。御乎埃天。埃天五百歲生缺。缺五百歲生黃埃。黃埃五百歲生黃澒。黃澒五百歲生黃金。黃金千歲生黃龍。入藏生黃泉。黃泉之埃。上爲黃雲。陰陽相薄爲雷。激揚爲電。上者就下。流水就通。而合於黃海。偏土之氣。御乎清天。清天八百歲生青曾。青曾八百歲生青澒。青澒八百歲生青金。青金八百歲生青龍。青龍入藏生清泉清

泉之埃。上爲青雲。陰陽相薄爲雲雷。激揚爲電。上者
就下。流水就通。而合於青海。壯士之氣。御於赤天。赤
天七百歲生赤丹。赤丹七百歲生赤澒。赤澒七百歲
生赤金。赤金千歲生赤龍。赤龍入藏生赤泉。赤泉之
埃。上爲赤雲。陰陽相薄爲雷。激揚爲電。上者就下。流
水就通。而合於赤海。弱土之氣。御於白天。白天九百
歲生白礜。白礜九百歲生白澒。白澒九百歲生白金。
白金千歲生白龍。白龍入藏生白泉。白泉之埃。上爲
白雲。陰陽相薄爲雷。激揚爲電。上者就下。流水就通。

而合於白海。牝土之氣。御於玄天。玄天六百歲生玄砥。玄砥六百歲生玄澒。玄澒六百歲生玄金。玄金千歲生玄龍。玄龍入藏生玄泉。玄泉之埃。上為玄雲。陰陽相薄為雷。激揚為電。上者就下。流水就通。而合於玄海。

賓王曰敘地形井井終歸知道

遼寧省圖書館藏
陶湘舊藏閔凌刻本集成

大較從吕覽中撮其要竄其傾至後五位六合六度乃其所創撰而綴之者

天子四時所尚之色俱從五行其出令亦如之

淮南鴻烈解卷五

時則訓

孟春之月招摇指寅昬參中旦尾中其位東方其日甲乙盛德在木其蟲鱗其音角律中太蔟其數八其味酸其臭羶其祀戸祭先脾東風解凍蟄蟲始振蘇魚上負冰獺祭魚候鴈北天子衣青衣乘蒼龍服蒼玉建青旗食麥與羊服八風水爨萁燧火東宮御女青色衣青采鼓琴瑟其兵矛其畜羊朝於青陽左个以出春令布德施惠行慶賞省徭賦立春之日天子

順木德而尚
仁恩
孟春行夏令
此巳火之氣
所泄行秋令
此申金之氣
所傷行冬令
此亥水之氣
所淫

親率三公九卿大夫以迎歲於東郊修除祠位幣禱鬼神犧牲用牡禁伐木毋覆巢殺胎夭毋麛毋卵毋聚衆置城郭掩骼薶骴孟春行夏令則風雨不時草木早落國乃有恐行秋令則其民大疫飄風暴雨總至黎莠蓬蒿並興行冬令則水潦爲敗雨霜大雹首稼不入正月官司空其樹楊仲春之月招搖指卯昬弧中旦建星中其位東方其日甲乙其蟲鱗其音角律中夾鍾其數八其味酸其臭羶其祠戶祭先脾始雨水桃李始華蒼庚鳴鷹化爲鳩天子衣青衣乘蒼

遼寧省圖書館藏
陶湘舊藏閔凌刻本集成

仲春行秋令此酉金之氣

龍服蒼玉建青旗食麥與羊服八風水爨萁燧火東宮御女青色衣青采鼓琴瑟其兵矛其畜羊朝於青陽大廟命有司省囹圄去桎梏毋笞掠止獄訟養幼小存孤獨以通句萌擇元日令民社是月也日夜分雷始發聲蟄蟲咸動蘇先雷三日振鐸以令於兆民曰雷且發聲有不戒其容止者生子不備必有凶災令官市同度量鈞衡石角斗稱端權槩毋竭川澤毋漉陂池毋焚山林毋作大事以防農功祭不用犧牲用圭璧更皮幣仲春行秋令則其國大水寒氣總至

所傷行冬令子水之氣所湿行夏令午火之氣所泄

寇戎來征行冬令則陽氣不勝麥乃不熟民多相殘
行夏令則其國大旱煖氣早來蟲螟爲害二月官倉
其樹杏季春之月招搖指辰昏七星中旦牽牛中其
位東方其日甲乙其蟲鱗其音角律中姑洗其數八
其味酸其臭羶其祀戶祭先脾桐始華田鼠化爲鴽
虹始見萍始生天子衣青衣乘蒼龍服蒼玉建青旗
食麥與羊服八風水爨萁燧火東宫御女青色衣青
采鼓琴瑟其兵矛其畜羊朝於青陽右个舟牧覆舟
伍覆五反乃言具於天子天子焉始乘舟薦鮪於寢

遼寧省圖書館藏
陶湘舊藏閔凌刻本集成

廟乃爲麥祈實是月也生氣方盛陽氣發泄句者畢出萌者盡達不可以內天子命有司發囷倉助貧窮振乏絶開府庫出幣帛使諸侯聘名士禮賢者命司空時雨將降下水上騰循行國邑周視原野修利隄防導通溝瀆達路除道從國始至境止田獵畢弋罝罘羅罔餧毒之藥毋出九門乃禁野虞毋伐桑柘鳴鳩奮其羽戴鵀降於桑具撲曲筥筐后妃齋戒東鄉親桑省婦使勸蠶事命五庫令百工審金鐵皮革筋角箭幹脂膠丹漆無有不良擇下旬吉日大合樂致

季春行冬令丑土之氣所應行夏令未土之氣所應行秋令戌土之氣所應

歡欣乃合纍牛騰馬游牝於牧令國儺九門磔攘以畢春氣行是月令甘雨至三旬季春行冬令則寒氣時發草木皆肅國有大恐行夏令則民多疾疫時雨不降山陵不登行秋令則天多沈陰淫雨早降兵革並起三月官鄉其樹李孟夏之月招搖指巳昏翼中旦婺女中其位南方其日丙丁盛德在火其蟲羽其音徵律中仲呂其數七其味苦其臭焦其祀竈祭先肺螻蟈鳴丘螾出王瓜生苦菜秀天子衣赤衣乘赤騮服赤玉建赤旗食菽與雞服八風水爨柘燧火南

遼寧省圖書館藏
陶湘舊藏閔凌刻本集成

順火德而尚長養

孟夏行秋令申金之氣所泄行冬令亥水之氣所傷

宮御女赤色衣赤采吹竽笙其兵戟其畜雞朝於明堂左个以出夏令立夏之日天子親率三公九卿大夫以迎歲於南郊還乃賞賜封諸侯修禮樂饗左右命太尉贊俊傑選賢良舉孝悌行爵出祿佐天長養繼修增高無有隳壞毋興土功毋伐大樹令野虞行田原勸農事驅獸畜勿令害穀天子以彘嘗麥先薦寢廟聚畜百藥靡草死麥秋至決小罪斷薄刑孟夏行秋令則苦雨數來五穀不滋四鄙入保行冬令則草木早枯後乃大水敗壞城郭行春令則螽蝗爲敗

行春令寅木之氣所滛

暴風來格秀草不實四月官田其樹桃仲夏之月招搖指午昏亢中旦危中其位南方其日丙丁其蟲羽其音徵律中蕤賓其數七其味苦其臭焦其祀竈祭先肺小暑至螳蜋生鵙始鳴反舌無聲天子衣赤衣乘赤騮服赤玉載赤旗食菽與雞服八風水爨柘燧火南宮御女赤色衣赤采吹竽笙其兵戟其畜雞朝於明堂太廟命樂師修鞀鞞琴瑟管簫調竽篪飾鍾磬執干戚戈羽命有司爲民祈祀山川百源大雩帝用盛樂天子以雛嘗黍羞以含桃先薦寢廟禁民無

遼寧省圖書館藏
陶湘舊藏閔凌刻本集成

仲夏行冬令子水之氣所傷行春令卯木之氣所濕行秋令酉金之氣所泄

刈藍以染毋燒灰毋暴布門閭無閉關市無索挺重囚益其食存鰥寡振死事游牝別其羣執騰駒班馬政日長至陰陽爭死生分君子齋戒慎身無躁節聲色薄滋味百官靜事無徑以定晏陰之所成鹿角解蟬始鳴半夏生木堇榮禁民無發火可以居高明遠眺望登丘陵處臺榭仲夏行冬令則雹霰傷穀道路不通暴兵至行春令則五穀不熟百螣時起其國乃饑行秋令則草木零落果實蚤成民殃於疫五月官相其樹榆季夏之月招搖指未昏心中旦奎中其位

四時中惟季夏與孟夏仲夏不相叶蓋戊己寄旺於中央而此月爲陽消陰長之會故天子所尚之色亦從而變

順土德而尚蓄藏

中央其日戊己盛德在土其蟲鸁其音宫律中百鐘其數五其味甘其臭香其祀中霤祭先心凉風始至蟋蟀居奥鷹乃學習腐草化爲蚈天子衣苑黄乘黄騮服黄玉建黄旗食稷與牛服八風水爂柘燧火中宫御女黄色衣黄采其兵劒其畜牛朝於中宫乃命漁人伐蛟取鼉登龜取黿令滂人入材葦命四監大夫令百縣之秩芻以養犧牲以供皇天上帝名山大川四方之神宗廟社稷爲民祈福行惠令弔死問疾存視長老行稃鬻厚席蓐以送萬物歸也命婦官染

遼寧省圖書館藏
陶湘舊藏閔凌刻本集成

季夏行春令辰土之氣所應行秋令戌土之氣所應行冬令丑土之氣所應

采黼黻文章青黄白黑莫不質良以給宗廟之服必宣以明是月也樹木方盛勿敢斬伐不可以合諸侯起土功動衆興兵必有天殃土潤溽暑大雨時行利以殺草糞田疇以肥土壃季夏行春令則穀實解落多風欬民乃遷徙行秋令則丘隰水潦稼穡不熟乃多女災行冬令則風寒不時鷹隼蚤摯四鄙入保六月官少内其樹梓孟秋之月招摇指申昏斗中旦畢中其位西方其日庚辛盛德在金其蟲毛其音商律中夷則其數九其味辛其臭腥其祀門祭先肝涼風

至白露降寒蟬鳴鷹乃祭鳥用始行戮天子衣白衣乘白駱服白玉建白旗食麻與犬服八風水爨柘燧火西宮御女白色衣白采撞白鐘其兵戈其畜狗朝於總章左个以出秋令求不孝不悌戮暴傲悍而罰之以助損氣立秋之日天子親率三公九卿大夫以迎秋於西郊還乃賞軍率武人於朝命將率選卒厲兵簡練桀俊專任有功以征不義詰誅暴慢順彼四方命有司修法制繕囹圄禁姦塞邪審決獄平詞訟天地始肅不可以贏是月農始升穀天子嘗新先薦

順金德而尚斷制

遼寧省圖書館藏
陶湘舊藏閔凌刻本集成

孟秋行冬令亥水之氣所泄行春令寅木之氣所損行夏令巳火之氣所傷

寢廟命百官始收斂完隄防謹障塞以備水潦修城郭繕宮室毋以封矦立太官行重幣出大使行是月令涼風至三旬孟秋行冬令則陰氣大勝介蟲敗穀戎兵乃來行春令則其國乃旱陽氣復還五穀無實行夏令則冬多火災寒暑不節民多瘧疾七月官庫

其樹楝仲秋之月招搖指酉昏牽牛中旦觜嶲中其位西方其日庚辛其蟲毛其音商律中南呂其數九其味辛其臭腥其祀門祭先肝涼風至候鴈來玄鳥歸羣鳥翔天子衣白衣乘白駱服白玉建白旗食麻

輿犬服八風水爨柘燧火西宮御女白色衣白采撞白鐘其兵戈其畜犬朝於總章太廟命有司申嚴百刑斬殺必當無或枉撓決獄不當反受其殃是月也養長老授几杖行稃鬻飲食乃命宰祝行犧牲案芻豢視肥臞全粹察物色課比類量小大視少長莫不中度天子乃儺以御秋氣以犬麻先薦寢廟是月可以築城郭建都邑穿竇窖修囷倉乃命有司趣民收斂畜采多積聚勸種宿麥若或失時行罪無疑是月也雷乃始收蟄蟲培戶殺氣浸盛陽氣日衰水始涸

遼寧省圖書館藏
陶湘舊藏閔凌刻本集成

仲秋行春令卯木之氣所損行夏令午火之氣所傷行冬令子水之氣所泄

日夜分一度量平權衡正鈞石角斗稱理關市來商旅入貨財以便民事四方來集遠方皆至財物不匱上無乏用百事乃遂仲秋行春令則秋雨不降草木生榮國有大恐行夏令則其國乃旱蟄蟲不藏五穀皆復生行冬令則風災數起收雷先行草木早死八月官尉其樹柘季秋之月招搖指戌昏虛中旦柳中其位西方其日庚辛其蟲毛其音商律中無射其數九其味辛其臭腥其祀門祭先肝候鴈來賓雀入大水爲蛤菊有黃華豺乃祭獸戮禽天子衣白衣乘白

駱服白玉建白旗食麻與犬服八風水爨柘燧火西宮御女白色衣白采撞白鐘其兵戈其畜犬朝於總章右个命有司申嚴號令百官貴賤無不務入以會天地之藏無有宣出乃命冢宰農事備收舉五穀之要藏帝籍之收於神倉是月也霜始降百工休乃命有司曰寒氣總至民力不堪其皆入室上下入學習吹大饗帝嘗犧牲合諸侯制百縣爲來歲受朔日與諸侯所稅於民輕重之法貢歲之數以遠近土地所宜爲度乃教於田獵以習五戎命太僕及七騶咸駕

遼寧省圖書館藏
陶湘舊藏閔凌刻本集成

季秋行夏令未土之氣所應行冬令丑土之氣所應行春令辰土之氣所應

戴荏授車以級皆正設於屏外司徒搢朴北嚮以贊之天子乃厲服廣飾執弓操矢以獵命主祠祭禽四方是月草木黃落乃伐薪爲炭蟄蟲咸俛乃趣獄刑毋留有罪收祿秩之不當供養之不宜者通路除道從境始至國而後已是月天子乃以犬嘗麻先薦寢廟季秋行夏令則其國大水冬藏殃敗民多鼽窒行冬令則國多盜賊邊境不寧土地分裂行春令則煗風來至民氣解隋師旅並興九月官候其樹槐孟冬之月招揺指亥昏危中旦七星中其位北方其日壬

順水德而尚
固守

癸盛德在水其蟲介其音羽律中應鍾其數六其味
鹹其臭腐其祀井祭先腎水始冰地始凍雉入大水
爲蜃虹藏不見天子衣黑衣乘玄驪服玄玉建玄旗
食黍與彘服八風水爨松燧火北宫御女黑色衣黑
采擊磬石其兵鎩其畜彘朝於玄堂左个以出冬令
命有司修羣禁禁外徙閉閭大搜客斷罰刑殺當罪
阿上亂法者誅立冬之日天子親率三公九卿大夫
以迎歲於北郊還乃賞死事存孤寡是月命太祝禱
祀神位占龜策審封兆以察吉凶於是天子始裘命

遼寧省圖書館藏
陶湘舊藏閔凌刻本集成

孟冬行春令寅木之氣所泄行夏令巳火之氣所損

百官謹蓋藏命司徒行積聚修城郭警門閭修楗閉愼管籥固封璽修邊境完要塞絕蹊徑飾喪紀審棺槨衣衾之薄厚營丘壠之小大高庳使貴賤卑尊各有等級是月也工師效功陳祭器案度呈堅致爲上工事苦慢作爲淫巧必行其罪是月也大飲蒸天子祈來年於天宗大禱祭於公社畢饗先祖勞農夫以休息之命將率講武肆射御角力勁乃命水虞漁師收水泉池澤之賦毋或侵牟孟冬行春令則凍閉不密地氣發泄民多流亡行夏令則多暴風方冬不寒

行秋令申金之氣所滛

蟄蟲復出行秋令則雪霜不時小兵時起土地侵削
十月官司馬其樹檀仲冬之月招搖指子昏壁中旦
軫中其位北方其日壬癸其蟲介其音羽律中黃鍾
其數六其味鹹其臭腐其祀井祭先腎冰益壯地始
坼鶡鴠不鳴虎始交天子衣黑衣乘鐵驪服玄玉建
玄旗食黍與彘服八風水爨松燧火北宮御女黑色
衣黑采擊磬石其兵鍛其畜彘朝於玄堂太廟命有
司曰土事無作無發室居及起大衆是謂發天地之
藏諸蟄則死民必疾疫有隨以喪急捕盜賊誅淫泆

遼寧省圖書館藏
陶湘舊藏閔凌刻本集成

詐僞之人命曰暘月命奄尹申宮令審門閭謹房室必重閉省婦事乃命大酋秫稻必齊麴蘖必時湛熺必潔水泉必香陶器必良火齊必得無有差忒天子乃命有司祀四海大川名澤是月也農有不收藏積聚牛馬畜獸有放失者取之不詰山林藪澤有能取疏食田獵禽獸者野虞教導之其有相侵奪罪之不赦是月也日短至陰陽爭君子齋戒處必掩身欲靜去聲色禁嗜欲寧身體安形性是月也荔挺出芸始生丘螾結麋角解水泉動則伐樹木取竹箭罷官之

仲冬行夏令午火之氣所克行秋令酉金之氣所滛行春令卯木之氣所泄

無事器之無用者塗闕庭門閭築囹圄所以助天地之閉仲冬行夏令則其國乃旱氛霧冥冥雷乃發聲行秋令則其時雨水瓜瓠不成國有大兵行春令則蟲螟爲敗水泉咸竭民多疾癘十一月官都尉其樹棗季冬之月招搖指丑昏婁中旦氐中其位北方其日壬癸其蟲介其音羽律中大呂其數六其味鹹其臭腐其祀井祭先腎鴈北鄉鵲如巢雉雊雞呼卵天子衣黑衣乘鐵驪服玄玉建玄旗食麥與彘服八風水爨松燧火北宫御女黑色衣黑采擊磬石其兵鎩

遼寧省圖書館藏
陶湘舊藏閔凌刻本集成

季冬行秋令
戊土之氣所

其畜彘朝於玄堂右个命有司大儺旁磔出土牛命
漁師始漁天子親往射漁先薦寢廟令民出五種令
農計耦耕事修耒耜具田器命樂師大合吹而罷乃
命四監收秩薪以供寢廟及百祀之薪燎是月也日
窮於次月窮於紀星周於天歲將更始令靜農民無
有所使天子乃與公卿大夫飭國典論時令以待嗣
歲之宜乃命太史次諸侯之列賦之犧牲以供皇天
上帝社稷之芻享乃命同姓女國供寢廟之芻豢卿
士大夫至於庶民供山林名川之祀季冬行秋令則

應行春令辰土之氣所應行夏令未土之氣所應

五位之極其氣與中土異故更隨地制令

白露早降介蟲爲祅四鄙入保行春令則胎夭傷國多痼疾命之曰逆行夏令則水潦敗國時雪不降冰凍消釋十二月官獄其樹櫟五位東方之極自碣石山過朝鮮貫大人之國東至日出之次扶榑木之地青土樹木之野太皞句芒之所司者萬二千里其令曰挻羣禁開閉闔通窮室達障塞行優游棄怨惡解役罪免刑開關梁宣出財和外怨撫四方行柔惠止剛強南方之極自北戸孫之外貫顓頊之國南至委火炎風之野赤帝祝融之所司者萬二千里其令曰

遼寧省圖書館藏
陶湘舊藏閔凌刻本集成

爵有德賞有功惠賢良救饑渴舉力農賑貧窮惠孤寡憂罷疾出大祿行大賞起毀宗立無後封建侯立賢輔中央之極自崑崙東絶兩恒山日月之所道江漢之所出衆民之野五穀之所宜龍門河濟相貫以息壤堙洪水之州東至於碣石黃帝后土之所司者萬二千里其令曰平而不阿明而不苛包裹覆露無不囊懷溥氾無私正靜以和行稃鬻養老衰弔死問疾以送萬物之歸西方之極自崑崙絶流沙沈羽西至三危之國石城金室飲氣之民不死之野少皞蓐

收之所司者萬二千里其令曰審用法誅必辠備盜賊禁姦邪飾羣牧謹著聚修城郭補決竇塞蹊徑遏溝瀆止流水壅谿谷守門閭陳兵甲選百官誅不法北方之極自九澤窮夏晦之極北至令正之谷有凍寒積冰雪雹霜霰漂潤羣水之野顓頊玄冥之所司者萬二千里其令曰申羣禁固閉藏修障塞繕關梁禁外徙斷罰刑殺當罪閉關閭大搜客止交游禁夜樂蚤閉晏開以塞姦人已得執之必固天節已幾刑殺無赦雖有盛尊之親斷以法度毋行水毋發藏毋

遼寧省圖書館藏
陶湘舊藏閔凌刻本集成

釋罪六合孟春與孟秋爲合仲春與仲秋爲合季春與季秋爲合孟夏與孟冬爲合仲夏與仲冬爲合季夏與季冬爲合孟春始贏孟秋始縮仲春始出仲秋始內季春大出季秋大內孟夏始緩孟冬始急仲夏至修仲冬至短季夏德畢季冬刑畢故正月失政七月涼風不至二月失政八月雷不藏三月失政九月不下霜四月失政十月不凍五月失政十一月蟄蟲冬出其鄉六月失政十二月草木不脫七月失政正月大寒不解八月失政二月雷不發九月失政三月

六度語甚遒古

春風不濟十月失政四月草木不實十一月失政五月下雹霜十二月失政六月五穀疾狂春行夏令泄行秋令水行冬令肅夏行春令風行秋令蕪行冬令格秋行夏令華行春令榮行冬令耗冬行春令泄行夏令旱行秋令霧製度陰陽大制有六度天爲繩地爲準春爲規夏爲衡秋爲矩冬爲權繩者所以繩萬物也準者所以準萬物也規者所以員萬物也衡者所以平萬物也矩者所以方萬物也權者所以權萬物也繩之爲度也直而不爭修而不窮久而不弊遠

遼寧省圖書館藏
陶湘舊藏閔凌刻本集成

而不忘與天合德與神合明所欲則得所惡則亡自古及今不可移匡厥德孔密廣大以容是故上帝以爲物宗準之爲度也平而不險巧而不阿廣大以容寛裕以和柔而不剛鋭而不挫流而不滯易而不穢發通而有紀周密而不泄準平而不失萬物皆平民無險謀怨惡不生是故上帝以爲物平規之爲度也轉而不復員而不垸優而不縱廣大以寛感動有理發通有紀優優簡簡百怨不起規度不失生氣乃理衡之爲度也緩而不後平而不怨施而不德弔而不

責常平民祿以繼不足敦敦陽陽唯德是行養長化
育萬物蕃昌以成五穀以實封疆其政不失天地乃
明矩之爲度也肅而不悖剛而不憒取而無怨內而
無害威厲而不懾令行而不廢殺伐既得仇敵乃克
矩正不失百誅乃服權之爲度也急而不贏殺而不
割充滿以實周密而不泄敗物而弗取罪殺而不赦
誠信以必堅慤以固糞除苛慝不可以曲故冬正將
行必弱以強必柔以剛權正而不失萬物乃藏明堂
之制靜而法準動而法繩春治以規秋治以矩冬治

遼寧省圖書館藏
陶湘舊藏閔凌刻本集成

以權。夏治以衡。是故燥溼寒暑以節至。甘雨膏露以時降。

張賓王曰時則訓掇之吕覽然寖失故武後叚六制雜出韵語詞旨適質

樂伯

遼寧省圖書館藏
陶湘舊藏閔凌刻本集成

覽冥語摭拾異典聯綴而古今異類之神怪者如觀牛渚之燃犀足當遊神玄覽之一助

張賓王曰警悚

淮南鴻烈解卷六

覽冥訓

昔者師曠奏白雪之音而神物爲之下降風雨暴至平公癃病晉國赤地庶女叫天雷電下擊景公臺隕支體傷折海水大出夫瞽師庶女位賤尚葈權輕飛羽然而專精厲意委務積神上通九天激厲至精由此觀之上天之誅也雖在壙虛幽間遼遠隱匿重襲石室界障險阻其無所逃之亦明矣武王伐紂渡於孟津陽侯之波逆流而擊疾風晦冥人馬不相見於

是武王左操黃鉞右秉白旄瞋目而撝之曰余任天下誰敢害吾意者於是風濟而波罷魯陽公與韓搆難戰酣日暮援戈而撝之日爲之退三舍夫全性保真不虧其身遭急迫難精通於天若乃未始出其宗者何爲而不成夫死生同域不可脅陵勇武一人爲三軍雄彼直求名耳而能自要者尚猶若此又况夫宫天地懷萬物而友造化含至和直偶於人形觀九鑽一知之所不知而心未嘗死者乎昔雍門子以哭見於孟嘗君已而陳辭通意撫心發聲孟嘗君爲之

遼寧省圖書館藏
陶湘舊藏閔凌刻本集成

弋射微技而以知道術稱此亦莊生之寓言

張賓王曰上下感通之理博洽精徹

增欷歍唈流涕狼戾不可止精神形於內而外諭哀於人心此不傳之道使俗人不得其君形者而效其容必爲人笑故蒲且子之連鳥於百仞之上而詹何之鶩魚於大淵之中此皆得清淨之道太浩之和也夫物類之相應玄妙深微知不能論辯不能解故東風至而酒湛溢蠶咡絲而商絃絕或感之也畫隨灰而月運闕鯨魚死而彗星出或動之也故聖人在位懷道而不言澤及萬民君臣乖心則背譎見於天神氣相應徵矣故山雲草莽水雲魚鱗旱雲煙火涔雲

東風至至此多言物類之相應玄妙深微

波水各象其形類所以感之夫陽燧取火於日方諸取露於月天地之間巧歷不能舉其數手徵忽怳不能覽其光然以掌握之中引類於太極之上而水火可立致者陰陽同氣相動也此傳說之所以騎辰尾也故爲陰飂飂至陽赫赫兩者交接成和而萬物生焉衆雄而無雌又何化之所能造乎所謂不言之辯不道之道也故召遠者使無爲焉親近者使無事焉惟夜行者爲能有之故却走馬以糞而車軌不接於遠方之外是謂坐馳陸沈晝冥宵明以冬鑠膠以夏

遼寧省圖書館藏
陶湘舊藏閔凌刻本集成

物不可以輕重論應得失

造冰夫道者無私就也無私去也能者有餘拙者不足順之者利逆之者凶譬如隋侯之珠和氏之璧得之者富失之者貧得失之度深微窈冥難以知論不可以辯說也何以知其然今夫地黄主屬骨而甘草主生肉之藥也以其屬骨責其生肉以其生肉論其屬骨是猶王孫綽之欲倍偏枯之藥而欲以生殊死之人亦可謂失論矣若夫以火能焦木也因使銷金則道行矣若以磁石之能連鐵也而求其引瓦則難矣物固不可以輕重論也夫燧之取火於日磁石之

之度深微窈冥

利害禍福不可求而得亦應深微窈冥

引鐵蟹之敗漆葵之鄉日雖有明智弗能然也故耳目之察不足以分物理心意之論不足以定是非故以智爲治者難以持國唯通於太和而持自然之應者爲能有之故嶢山崩而薄落之水涸區冶生而淳鈞之劒成紂爲無道左強在側太公並世故武王之功立由是觀之利害之路禍福之門不可求而得也夫道之與德若韋之與革遠之則邇近之則遠不得其道若觀儵魚故聖若鏡不將不迎應而不藏故萬化而無傷其得之乃失之其失之非乃得之也今夫

遼寧省圖書館藏
陶湘舊藏閔凌刻本集成

淮南文往往即喻上轉喻若纍層臺而此篇尤勝

調弦者叩宫宫應彈角角動此同聲相和者也夫有改調一弦其於五音無所比鼓之而二十五弦皆應此未始異於聲而音之君已形也故通於太和者惛若純醉而甘卧以游其中而不知其所由也純溫以淪鈍悶以終若未始出其宗是謂大通今夫赤螭青虬之游冀州也天清地定毒獸不作飛鳥不駭入榛薄食薦梅噆味含甘步不出頃畝之區而蛇鱓輕之以爲不能與之爭於江海之中若乃至於玄雲之素朝陰陽交爭降扶風雜凍雨扶搖而登之威動天地

小動之迹乃
王良造父之

聲震海内蛇鱓著泥百仞之中熊羆匍匐丘山磛巖
虎豹襲穴而不敢咆猨狖顛蹶而失木枝又况直蛇
鱓之類乎鳳凰之翔至德也雷霆不作風雨不興川
谷不澹草木不搖而燕雀佼之以爲不能與之爭於
宇宙之間還至其曾逝萬仞之上翱翔四海過崑崙
之疏圃飲砥柱之湍瀨邅回蒙汜之渚尚佯冀州之
際徑躡都廣入日抑節羽翼弱水暮宿風穴當此之
時鴻鵠鶬鸖莫不憚驚伏竄注喙江裔又况直燕雀
之類乎此明於小動之迹而不知大節之所由者也

遼寧省圖書館藏
陶湘舊藏閔淩刻本集成

御大節之所由即鉗且大丙之御小動惟任智巧大節則通於太和

昔者王良造父之御也上車攝轡馬爲整齊而斂諧投足調均勞逸若一心怡氣和體便輕畢安勞樂進馳騖若滅左右若鞭周旋若環世皆以爲巧然未見其貴者也若夫鉗且大丙之御除轡御去鞭棄策車莫動而自舉馬莫使而自走也日行月動星燿而玄運電奔而鬼騰進退屈伸不見朕垠故不招指不咄叱過歸鴈於碣石軼鶤雞於姑餘騁若飛騖若絶縱矢躡風追猋歸忽朝發榑桑日入落棠此假弗用而能以成其用者也非慮思之察手爪之巧也嗜欲形

極力形容慱士家採入時

於胸中而精神踰於六馬此以弗御御之者也昔者黄帝治天下而力牧太山稽輔之以治日月之行律治陰陽之氣節四時之度正律歷之數别男女異雌雄明上下等貴賤使强不掩弱衆不暴寡人民保命而不夭歲時熟而不凶百官正而無私上下調而無尤法令明而不闇輔佐公而不阿田者不侵畔漁者不爭隈道不拾遺市不豫賈城郭不關邑無盜賊鄙旅之人相讓以財狗彘吐菽粟於路而無忿爭之心於是日月精明星辰不失其行風雨時節五穀登熟

遼寧省圖書館藏陶湘舊藏閔凌刻本集成

藝中則富麗
極矣

力牧山稽之
未及虙戲氏
者以其猶任
智故而未通
於道德也

虎狼不妄噬鷙鳥不妄搏鳳凰翔於庭麒麟游於郊
青龍進駕飛黃伏皁諸北儋耳之國莫不獻其貢職
然猶未及虙戲氏之道也往古之時四極廢九州裂
天不兼覆地不周載火爁炎而不滅水浩洋而不息
猛獸食顓民鷙鳥攫老弱於是女媧鍊五色石以補
蒼天斷鼇足以立四極殺黑龍以濟冀州積蘆灰以
止淫水蒼天補四極正淫水涸冀州平狡蟲死顓民
生背方州抱圓天和春陽夏殺秋約冬枕方寢繩陰
陽之所壅沈不通者竅理之逆氣戾物傷民厚積者

詳虔戲氏之道

絕止之當此之時臥倨倨與眄眄一自以爲馬一自以爲牛其行蹎蹎其視瞑瞑侗然皆得其和莫知所由生浮游不知所求魍魎不知所往當此之時禽獸蝮蛇無不匿其爪牙藏其螫毒無有攫噬之心考其功烈上際九天下揜黄壚名聲被後世光暉重萬物乘雷車服駕應龍驂青虬援絕瑞席蘿圖黄雲絡前白螭後奔蛇浮游消搖道鬼神登九天朝帝於靈門宓穆休於太祖之下然而不彰其功不揚其聲隱眞人之道以從天地之固然何則道德上通而智故消

遼寧省圖書館藏
陶湘舊藏閔凌刻本集成

言夏桀不及
虙戲之世

滅也逮至夏桀之時王闇晦而不明道瀾漫而不修
棄捐五帝之恩刑推蹶三王之法籍是以至德滅而
不揚帝道揜而不興舉事戾蒼天發號逆四時春秋
縮其和天地除其德仁君處位而不安大夫隱道而
不言羣臣準上意而懷當疏骨肉而自容邪人參耦
比周而陰謀居君臣父子之間而競載驕主而像其
意亂人以成其事是故君臣乖而不親骨肉疏而不
附植社槁而𡒄裂容臺振而掩覆犬羣嘷而入淵豕
銜蓐而席澳美人挐首墨面而不容曼聲吞炭內閉

夏桀之世有亂徵無亂形至七國則日尋甲卒扶傷載道以其時各制法任力之極而不可止也

而不歌喪不盡其哀獄不聽其樂西姥折勝黃神嘯吟飛鳥鎩翼走獸廢脚山無峻幹澤無洼水狐狸首穴馬牛放失田無立禾路無莎薠金積折廉璧襲無理磬龜無腹蓍策日施晚世之時七國異族諸侯制法各殊習俗縱橫間之舉兵而相角攻城濫殺覆高危安掘墳墓揚人骸大衝車高重京除戰道便死路犯嚴敵殘不義百往一反名聲苟盛也是故質壯輕足者爲甲卒千里之外家老羸弱悽愴於內廝徒馬圉軵車奉饟道馬遼遠霜雪亟集短褐不完人羸車

遼寧省圖書館藏
陶湘舊藏閔凌刻本集成

弊泥塗至膝相攜於道奮首於路身枕格而死所謂兼國有地者伏尸數十萬破車以千百數傷弓弩矛戟矢石之創者扶舉於路故世至於枕人頭食人肉葅人肝飲人血甘之芻豢故自三代以後者天下未嘗得安其情性而樂其習俗保其修命天而不夭於人虐也所以然者何也諸侯力征天下合而爲一家逮至當今之時天子在上位持以道德輔以仁義近者獻其智遠者懷其德拱揖指麾而四海賓服春秋冬夏皆獻其貢職天下混而爲一子孫相代此五帝

鉗且大丙處戲女媧總結前意其旨只在無爲故下遂中申韓商鞅之治不得其本

之所以迎天德也夫聖人者不能生時時至而弗失也輔佐有能黜讒佞之端息巧辯之說除刻削之法去煩苛之事屏流言之迹塞朋黨之門消知能修太常隳肢體絀聰明大通混冥解意釋神漠然若無䰟魄使萬物各復歸其根則是所修伏犧氏之迹而反五帝之道也夫鉗且大丙不施轡銜而以善御聞於天下伏戲女媧不設法度而以至德遺於後世何則至虛無純一而不喓喋苛事也周書曰掩雉不得更順其風今若夫申韓商鞅之爲治也掙拔其根蕪棄

遼寧省圖書館藏
陶湘舊藏閔凌刻本集成

申韓商鞅不
知治之本羿

其本而不窮寃其所由生何以至此也鑿五刑爲刻削乃背道德之本而爭於錐刀之末斬艾百姓殫盡太半而忻忻然常自以爲治是猶抱薪而救火鑿竇而出水夫井植生梓而不容甕溝植生條而不容舟不過三月必死所以然者何也皆狂生而無其本者也河九折注於海而流不絕者崑崙之輸也潦水不泄濆瀁極望旬月不雨則涸而枯澤受瀷而無源者譬若羿請不死之藥於西王母姮娥竊以奔月悵然有喪無以續之何則不知不死之藥所由生也是故

不知不死之藥所由生其於喪亡等也

乞火不若取燧寄汲不若鑿井

張賓王曰此篇論天人之應而終之以道德爲本盖道德刑罰乖和相應也第不屑屑相照耳

遼寧省圖書館藏
陶湘舊藏閔凌刻本集成

通篇類養生家言其詞多襲老莊而於性命之秘曼衍未盡淺學者以悟真篇参之方有究竟

淮南鴻烈解卷七

精神訓

古未有天地之時惟像無形窈窈冥冥芒芠漠閔澒濛鴻洞莫知其門有二神混生經天營地孔乎莫知其所終極滔乎莫知其所止息於是乃別爲陰陽離爲八極剛柔相成萬物乃形煩氣爲蟲精氣爲人是故精神天之有也而骨骸者地之有也精神入其門而骨骸反其根我尚何存是故聖人法天順情不拘於俗不誘於人以天爲父以地爲母陰陽爲綱四時

爲紀天靜以淸地定以寧萬物失之者死法之者生夫靜漠者神明之宅也虛無者道之所居也是故或求之於外者失之於內有守之於內者失之於外譬猶本與末也從本引之千枝萬葉莫得不隨也夫精神者所受於天也而形體者所稟於地也故曰一生二二生三三生萬物萬物背陰而抱陽冲氣以爲和故曰一月而膏二月而胅三月而胎四月而肌五月而筋六月而骨七月而成八月而動九月而躁十月而生形體以成五藏乃形是故肺主目腎主鼻膽主

遼寧省圖書館藏陶湘舊藏閔凌刻本集成

口肝主耳外為表而內為裏開閉張歙各有經紀故頭之圓也象天足之方也象地天有四時五行九解三百六十六日人亦有四支五藏九竅三百六十六節天有風雨寒暑人亦有取與喜怒故膽為雲肺為氣肝為風腎為雨脾為雷以與天地相參也而心為之主是故耳目者日月也血氣者風雨也日中有踆烏而月中有蟾蜍日月失其行薄蝕無光風雨非其時毀折生災五星失其行州國受殃夫天地之道至紘以大尚猶節其章光愛其神明人之耳目曷能久

盛言保其精
神之益紫霄
其人云含之
則為元精用
之則為萬灵
可為印證

熏勞而不息乎精神何能久馳騁而不既乎是故血氣者人之華也而五藏者人之精也夫血氣能專於五藏而不外越則胷腹充而嗜慾省矣胷腹充而嗜慾省則耳目清聽視達矣耳目清聽視達謂之明五藏能屬於心而無乖則教志勝而行不僻矣教志勝而行之不僻則精神盛而氣不散矣精神盛而氣不散則理理則均均則通通則神神則以視無不見以聽無不聞也以爲無不成也是故憂患不能入也而邪氣不能襲故事有求之於四海之外而不能遇或

遼寧省圖書館藏
陶湘舊藏閔凌刻本集成

此精神外淫之害

張賓王曰精暢

守之於形骸之內而不見也故所求多者所得少所見大者所知小夫孔竅者精神之戶牖也而氣志者五藏之使候也耳目淫於聲色之樂則五藏搖動而不定矣五藏搖動而不定則血氣滔蕩而不休矣血氣滔蕩而不休則精神馳騁於外而不守矣精神馳騁於外而不守則禍福之至雖如丘山無由識之矣使耳目精明玄達而無誘慕氣志虛靜恬愉而省嗜慾五藏定寧充盈而不泄精神內守形骸而不外越則望於往世之前而視於來事之後猶未足爲也豈

直禍福之間哉故曰其出彌遠者其知彌少以言夫
精神之不可使外淫也是故五色亂目使目不明五
聲譁耳使耳不聰五味亂口使口爽傷趣舍滑心使
行飛揚此四者天下之所養性也然皆人累也故曰
嗜慾者使人之氣越而好憎者使人之心勞弗疾去
則志氣日耗夫人之所以不能終其壽命而中道夭
於形戮者何也以其生生之厚夫惟能無以生爲者
則所以脩得生也夫天地運而相通萬物總而爲一
能知一則無一之不知也不能知一則無一之能知

遼寧省圖書館藏
陶湘舊藏閔凌刻本集成

紋經為福為
休息讀之慨
然人世之感

也譬吾處於天下也亦為一物矣不識天下之以我備其物與且惟無我而物無不備者乎然則我亦物也物亦物也物之與物也有何以相物也雖然其生我也將以何益其殺我也將以何損夫造化者既以我為坯矣將無所違之矣吾安知夫刺灸而欲生者之非惑也又安知夫絞經而求死者之非福也或者生乃徭役也而死乃休息也天下茫茫孰知之哉其生我也不彊求已其殺我也不彊求止欲生而不事憎死而不辭賤之而弗憎貴之而弗喜隨其天資而

張賓王曰達者之言

埏埴汲水二喻總見生死之不足喜憎應前生何益死何損其文勢烟波嫋娜

安之不極吾生也有七尺之形吾死也有一棺之土吾生之比於有形之類猶吾死之淪於無形之中也然則吾生也物不以益衆吾死也土不以加厚吾又安知所喜憎利害其間者乎夫造化者之攫援物也譬猶陶人之埏埴也其取之地而已爲盆盎也與其未離於地也無以異其已成器而破碎漫瀾而復歸其故也與其爲盎亦無以異矣夫臨江之鄉居人汲水以浸其園江水弗憎也苦洿之家決洿而注之江洿水弗樂也是故其在江也無以異其浸園也其在

遼寧省圖書館藏
陶湘舊藏閔凌刻本集成

聖人之養神如此

洿也亦無以異其在江也是故聖人因時以安其位當世而樂其業夫悲樂者德之邪也而喜怒者道之過也好憎者心之暴也故曰其生也天行其死也物化靜則與陰俱閉動則與陽俱開精神澹然無極不與物散而天下自服故心者形之主也而神者心之寶也形勞而不休則蹶精用而不已則竭是故聖人貴而尊之不敢越也夫有夏后氏之璜者匣匱而藏之寶之至也夫精神之可寶也非直夏后氏之璜也是故聖人以無應有必究其理以虛受實必窮其節

真人之養神如此

恬愉虛靜以終其命是故無所甚疏而無所甚親抱德煬和以順於天與道爲際與德爲鄰不爲福始不爲禍先魂魄處其宅而精神守其根死生無變於巳故曰至神所謂眞人者性合於道也故有而若無實而若虛處其一不知其二治其內不識其外明白太素無爲復樸體本抱神以游於天地之樊芒然仿佯於塵垢之外而消搖於無事之業浩浩蕩蕩乎機械之巧弗載於心是故死生亦大矣而不爲變雖天地覆育亦不與之抮抱矣審乎無瑕而不與物糅見事

遼寧省圖書館藏陶湘舊藏閔凌刻本集成

張賓王曰意適文酣

之亂而能守其宗若然者正肝膽遺耳目心志專於內通達耦於一居不知所爲行不知所之渾然而往逯然而來形若槁木心若死灰忘其五藏損其形骸不學而知不視而見不爲而成不治而辯感而應迫而動不得已而往如光之燿如景之放以道爲紃有待而然抱其太清之本而無所容與而物無能營廓惝而虛清靖而無思慮天澤焚而不能熱河漢涸而不能寒也大雷毀山而不能驚也大風晦日而不能傷也是故視珍寶珠玉猶石礫也視至尊窮寵猶行

此一段其言恍忽虛幻令人窅無入手處

客也視毛嬙西施猶䫋醜也以死生爲一化以萬物爲一方同精於太清之本而游於忽區之旁有精而不使有神而不行契太渾之樸而立至清之中是故其寢不夢其智不萌其魄不抑其魂不騰反復終始不知其端緒甘瞑太宵之宅而覺視於昭昭之宇休息於無委曲之隅而游敖於無形埒之野居而無容處而無所其動無形其靜無體存而若亡生而若死出入無間役使鬼神淪於不測入於無間以不同形相嬗也終始若環莫得其倫此精神之所以能登假

遼寧省圖書館藏
陶湘舊藏閔凌刻本集成

於道也是故眞人之所游若吹呴呼吸吐故內新熊經鳥伸鳧浴蝯躩鴟視虎顧是養形之人也不以滑心使神滔蕩而不失其充日夜無傷而與物爲春則是合而生時於心也且人有戒形而無損於心有綴宅而無耗精夫癩者趨不變狂者形不虧神將有所遠徙孰暇知其所爲故形有摩而神未嘗化者以不化應化千變萬抮而未始有極化者復歸於無形也不化者與天地俱生也夫木之死也青青去之也夫使木生者豈木也猶充形者之非形也故生生者未

輕天下細萬物齊死生同變化自是養神上來數句何等胸襟何等識量

堯乃輕天下者

嘗死也其所生則死矣化物者未嘗化也其所化則化矣輕天下則神無累矣細萬物則心不惑矣齊死生則志不懾矣同變化則明不眩矣衆人以爲虚言吾將舉類而實之人之所以樂爲人主者以其窮耳目之欲而適躬體之便也今高臺層榭人之所麗也而堯樸桷不斲素題不枅珍怪奇味人之所美也而堯糲粢之飯藜藿之羹文繡狐白人之所好也而堯布衣揜形鹿裘御寒養性之具不加厚而增之以任重之憂故舉天下而傳之於舜若解重負然非直辭

遼寧省圖書館藏
陶湘舊藏閔凌刻本集成

禹乃細萬物者

壺子乃齊死生者

子求乃同變化者

讓。誠無以爲也。此輕天下之具也。禹南省方濟於江。黃龍負舟。舟中之人。五色無主。禹乃熙笑而稱曰。我受命於天。竭力而勞萬民。生寄也。死歸也。何足以滑和。視龍猶蝘蜓。顔色不變。龍乃弭耳掉尾而逃。禹之視物亦細矣。鄭之神巫相壺子林。見其徵。告列子。列子行泣報壺子。壺子持以天壤。名實不入。機發於踵。壺子之視死生亦齊矣。子求行年五十有四而病傴僂。脊管高於頂。腸下迫頤。兩脾在上。燭營指天。匍匐自闚於井。曰。偉哉。造化者。其以我爲此拘拘邪。此其

輕細齊同四字俱下得有深味觀堯禹等事自明從此悟入亦不二法門矣至人即上堯禹等人其精神凝聚胸中別有一般境界

覩變化亦同矣故覩堯之道乃知天下之輕也觀禹之志乃知天下之細也原壺子之論乃知死生之齊也見子求之行乃知變化之同也夫至人倚不拔之柱行不關之塗稟不竭之府學不死之師無往而不遂無至而不通生不足以挂志死不足以幽神屈伸俛仰抱命而婉轉禍福利害千變萬紾孰足以患心若此人者抱素守精蟬蛻蛇解游於太清輕舉獨往忽然入冥鳳凰不能與之儷而況斥鷃乎勢位爵祿何足以槩志也晏子與崔杼盟臨死地而不易其義

遼寧省圖書館藏陶湘舊藏閔凌刻本集成

晏子殖華僅為義者且不為勢位爵禄所籠絡益見至人超然溷俗之上

殖華將戰而死莒君厚賂而止之不改其行故晏子可迫以仁而不可劫以兵殖華可止以義而不可縣以利君子義死而不可以富貴留也義爲而不可以死亡恐也彼則直爲義耳而尚猶不拘於物又況無爲者矣堯不以有天下爲貴故授舜公子札不以有國爲尊故讓位子罕不以玉爲富故不受寶務光不以生害義故自投於淵由此觀之至貴不待爵至富不待財天下至大矣而以與佗人身至親矣而棄之淵外此其餘無足利矣此之謂無累之人無累之人

張賓王曰此段語致尤覺娟娟奕奕

此一段是見小不知大者

不以天下爲貴矣上觀至人之論深原道德之意以下考世俗之行乃足羞也故通許由之意金縢豹韜廢矣延陵季子不受吴國而訟閒田者慙矣子罕不利寶玉而爭券契者媿矣務光不汚於世而貪利偷生者悶矣故不觀大義者不知生之不足貪也不聞大言者不知天下之不足利也今夫窮鄙之社也叩盆拊瓴相和而歌自以爲樂矣嘗試爲之擊建鼓撞巨鐘乃性仍仍然知其盆瓴之足羞也藏詩書修文學而不知至論之旨則拊盆叩瓴之徒也夫以天下

遼寧省圖書館藏陶湘舊藏閔凌刻本集成

破陰墜陽內崩生狂此皆

爲者學之建鼓矣尊勢厚利人之所貪也使之左據天下圖而右手刎其喉愚夫不爲由此觀之生尊於天下也聖人食足以接氣衣足以蓋形適情不求餘無天下不虧其性有天下不羡其和有天下無天下一實也今贛人敖倉予人河水饑而餐之渴而飲之其入腹者不過簞食瓢漿則身飽而敖倉不爲之減也腹滿而河水不爲之竭也有之不加飽無之不爲之饑與守其篅笆有其井一實也人大怒破陰大喜墜陽大憂內崩大怖生狂除穢去累莫若未始出其

根塵煎蕩其中而喜怒憂怖紛輪莫解可悲也

巖穴之休脩夜之寧此凝精存神者逍遙自在景象

宗乃爲大通清目而不以視靜耳而不以聽鉗口而不以言委心而不以慮棄聰明而反太素休精神而棄知故覺而若眛以生而若死終則反本未生之時而與化爲一體死之與生一體也今夫繇者揭钁臿負籠土鹽汗交流喘息薄喉當此之時得茠越下則脱然而喜矣巖穴之間非直越下之休也病疵瘕者捧心抑腹膝上叩頭踡跼而諦通夕不寐當此之時噲然得臥則親戚兄弟歡然而喜夫脩夜之寧非直一噲之樂也故知宇宙之大則不可劫以死生知養

遼寧省圖書館藏
陶湘舊藏閔凌刻本集成

牆之立不若偃冰之凝不若釋此清淨無為而入至道之竟

生之和則不可縣以天下知未生之樂則不可畏以死知許由之貴於舜則不貪物牆之立不若其偃也又況不爲牆乎冰之凝不若其釋也又況不爲冰乎自無蹠有自有蹠無終始無端莫知其所萌非通於外內孰能無好憎無外之外至大也無內之內至貴也能知大貴何往而不遂衰世湊學不知原心反本直雕琢其性矯拂其情以與世交故目雖欲之禁之以度心雖樂之節之以禮趨翔周旋詘節卑拜肉凝而不食酒澄而不飲外束其形內總其德鉗陰陽之

和而迫性命之情故終身爲悲人達至道者則不然理性情治心術養以和持以適樂道而忘賤安德而志貧性有不欲無欲而不得心有不樂無樂而不爲無益於情者不以累德不便於性者不以滑和故縱體肆意而度制可以爲天下儀今夫儒者不本其所以欲而禁其所欲不原其所以樂而閉其所樂是猶決江河之源而障之以手也夫牧民者猶畜禽獸也不塞其囿垣使有野心系絆其足以禁其動而欲脩生壽終豈可得乎夫顔回季路子夏冉伯牛孔子之

遼寧省圖書館藏陶湘舊藏閔凌刻本集成

顔淵季路子夏冉伯牛其夭死而殂失明而厲天厄之也謂迫性拂情此漢儒之驗

通學也然顔淵夭死季路葅於衛子夏失明冉伯牛爲厲此皆迫性拂情而不得其和也故子夏見曾子一臞一肥曾子問其故曰出見富貴之樂而欲之入見先王之道又説之兩者心戰故臞先王之道勝故肥推其志非能貪富貴之位不便侈靡之樂直宜迫性閉欲以義自防也雖情心鬱殪形性屈竭猶不得已自強也故莫能終其天年若夫至人量腹而食度形而衣容身而游適情而行餘天下而不貪委萬物而不利處大廓之宇游無極之野登太皇馮太一玩

見儒者以刑
禁人欲樂不
若禁其欲樂
之心應前原
心反本

天地於掌握之中夫豈爲貧富肥臞哉故儒者非能
使人弗欲而能止之非能使人勿樂而能禁之夫使
天下畏刑而不敢盜豈若能使無有盜心哉越人得
髯蛇以爲上肴中國得而棄之無用故知其無所用
貪者能辭之不知其無所用廉者不能讓也夫人主
之所以殘亡其國家損棄其社稷身死於人手爲天
下笑未嘗非爲非欲也夫仇由貪大鍾之賂而亡其
國虞君利垂棘之璧而擒其身獻公豔驪姬之美而
亂四世桓公甘易牙之和而不以時葬胡王淫女樂

遼寧省圖書館藏
陶湘舊藏閔凌刻本集成

冬箑夏裘此設爲外物無所用之喻人惟欲關不破所以終身入世路之羅網知其無用何煩惱罣礙之有

之娛而亡上地使此五君者適情辭餘以己爲度不隨物而動豈有此大患哉故射者非矢不中也學射者不治矢也御者非轡不行學御者不爲轡也知冬日之箑夏日之裘無用於己則萬物之變爲塵埃矣故以湯止沸沸乃不止誠知其本則去火而已矣

遼寧省圖書館藏
陶湘舊藏閔凌刻本集成

此篇立論多幻渺不相聯貫而其中亦自錦心繡腸囊括今古試採覽之以備經生言亦所稱鬻之千金也已

淮南鴻烈解卷八

本經訓

太清之始也和順以寂漠質眞而素樸閑靜而不躁推而無故在內而合乎道出外而調於義發動而成於文行快而便於物其言略而循理其行侻而順情其心愉而不僞其事素而不飾是以不擇時日不占卦兆不謀所始不議所終安則止激則行通體於天地同精於陰陽一和於四時明照於日月與造化者相雌雄是以天覆以德地載以樂四時不失其叙風

雨不降其虐日月淑清而揚光五星循軌而不失其行當此之時玄元至碭而運照鳳麟至蓍龜兆甘露下竹實滿流黃出而朱草生機械詐僞莫藏於心逮

至衰世鐫山石鍥金玉擿蚌蜃消銅鐵而萬物不滋刳胎殺夭麒麟不游覆巢毀卵鳳凰不翔鑽燧取火構木爲臺焚林而田竭澤而漁人械不足畜藏有餘而萬物不繁兆萌於卵胎而不成者處之太半矣積壤而丘處糞田而種穀掘地而井飲疏川而爲利築

城而爲固拘獸以爲畜則陰陽繆戾四時失叙雷霆

以下極言衰世機械巧作而以禽獸草木民生分次其禍

此禽獸之見禍於衰世

遼寧省圖書館藏
陶湘舊藏閔凌刻本集成

此草木之禍
見於衰世

毀折電霰降虐氣霧雪霜不霽而萬物燋夭菑榛穢
聚埒畝芟野菼長苗秀草木之句萌銜華戴實而死
者不可勝數乃至夏屋宮駕縣聯房植橑檐榱題雕
琢刻鏤喬枝菱阿芙蓉芰荷五采爭勝流漫陸離修
掞曲校夭矯曾橈芒繁紛挐以相交持公輸王爾無
所錯其剞劂削鋸然猶未能贍人主之欲也是以松
栢箘露夏槁江河三川絕而不流夷羊在牧飛蛩滿
野天旱地坼鳳凰不下句爪居牙戴角出距之獸於
是鷙矣民之專室蓬廬無所歸宿凍餓饑寒死者相

此民生之禍見於衰世

枕席也。及至分山川谿谷。使有壤界。計人多少衆寡。使有分數。築城掘池。設機械險阻以爲備。飾職事。制服等。異貴賤。差賢不肖。經誹譽。行賞罰。則兵革興而分爭生。民之滅抑夭隱。虐殺不辜。而刑誅無罪。於是生矣。天地之合和。陰陽之陶化萬物。皆乘人氣者也。是故上下離心。氣乃上蒸。君臣不和。五穀不爲。距日冬至四十六日。天含和而未降。地懷氣而未揚。陰陽儲與。呼吸浸潭。包裹風俗。斟酌萬殊。旁薄衆宜。以相嘔咐醞釀。而成育羣生。是故春肅秋榮。冬雷夏霜。皆

天地宇宙四句結上太清也始及衰世一段

論仁義礼樂起於衰世亦祖莊生蹩躠踶跂澶漫摘

賊氣之所生由此觀之天地宇宙一人之身也六合之內一人之制也是故明於性者天地不能脅也審於符者怪物不能惑也故聖人者由近知遠而萬殊爲一古之人同氣於天地與一世而優游當此之時無慶賀之利刑罰之威禮義廉耻不設毀譽仁鄙不立而萬民莫相侵欺暴虐猶在於混冥之中逮至衰世人衆財寡事力勞而養不足於是忿爭生是以貴仁仁鄙不齊比周朋黨設詐諝懷機械巧故之心而性失矣是以貴義陰陽之情莫不有血氣之感男女

僻爲後不足行不足脩張本

羣居雜處而無别是以貴體性命之情淫而相脅以不得已則不和是以貴樂是故仁義禮樂者可以救敗而非通治之至也夫仁者所以救爭也義者所以救失也禮者所以救淫也樂者所以救憂也神明定於天下而心反其初心反其初而民性善民性善而天地陰陽從而包之則財足而人贍矣貪鄙忿爭不得生焉由此觀之則仁義不用矣道德定於天下而民純樸則目不營於色耳不淫於聲坐俳而歌謠被髮而浮游雖有毛嬙西施之色不知恱也掉羽武象

遼寧省圖書館藏
陶湘舊藏閔凌刻本集成

未可與言至應前可以救敗而非通治之至

不知樂也。淫泆無别，不得生焉。由此觀之，禮樂不用也。是故德衰然後仁生，行沮然後義立，和失然後聲調，禮淫然後容飾。是故知神明然後知道德之不足爲也，知道德然後知仁義之不足行也，知仁義然後知禮樂之不足脩也。今背其本而求其末，釋其要而索之於詳，未可與言至也。天地之大，可以矩表識也；星月之行，可以歷推得也；雷震之聲，可以鼓鍾寫也；風雨之變，可以音律知也。是故大可覩者，可得而量也；明可見者，可得而蔽也；聲可聞者，可得而調也；色可察者可得而别也夫至大天地弗能含也至微神明弗能領也及至建律歴别五色異清濁味甘苦則樸散而爲器矣立仁義脩禮樂則德遷而爲僞矣及僞之生也飾智以驚愚設詐以巧上天下有能持之者有能治之者也昔者蒼頡作書而天雨粟鬼夜哭伯益作井而龍登玄雲神棲崑崙能愈多而德愈薄矣故周鼎著倕使銜其指以明大巧之不可爲也故至人之治也心與神處形與性調靜而體德動而理通隨自然之性而緣不得已之化洞然無爲而天下

遼寧省圖書館藏
陶湘舊藏閔凌刻本集成

以下堯舜湯武皆因世之

自和憺然無欲而民自樸無機祥而民不夭不忿爭而養足兼包海內澤及後世不知爲之者誰何是故生無號死無謚實不聚而名不立施者不德受者不讓德交歸焉而莫之充忍也故德之所總道弗能害也智之所不知辯弗能解也不言之辯不道之道若或通焉謂之天府取焉而不損酌焉而不竭莫知其所由出是謂瑤光瑤光者資糧萬物者也振困窮補不足則名生興利除害伐亂禁暴則功成世無災害雖神無所施其德上下和輯雖賢無所立其功昔容

災害而施其德者

成氏之時道路鴈行列處託嬰兒於巢上置餘糧於
畮首虎豹可尾虺蛇可蹍而不知其所由然逮至堯
之時十日並出焦禾稼殺草木而民無所食猰貐鑿
齒九嬰大風封豨脩蛇皆爲民害堯乃使羿誅鑿齒
於疇華之野殺九嬰於凶水之上繳大風於青丘之
澤上射十日而下殺猰貐斷脩蛇於洞庭擒封豨於
桑林萬民皆喜置堯以爲天子於是天下廣陜險易
遠近始有道里舜之時共工振滔洪水以薄空桑龍
門未開呂梁未發江淮通流四海溟涬民皆上丘陵

有賢聖之名必遭亂世之患結前堯舜湯武數伐事

赴樹木舜乃使禹疏三江五湖闢伊闕導廛澗平通溝陸流注東海鴻水漏九州乾萬民皆寧其性是以稱堯舜以爲聖晚世之時帝有桀紂爲琁室瑶臺象廊玉牀紂爲肉圃酒池燎焚天下之財罷苦萬民之力刳諫者剔孕婦攘天下虐百姓於是湯乃以革車三百乘伐桀於南巢放之夏臺武王甲卒三千破紂牧野殺之於宣室天下寧定百姓和集是以稱湯武之賢由此觀之有賢聖之名者必遭亂世之患也今至人生亂世之中含德懷道拘無窮之智鉗口寢說

體太一法陰陽則四時用六律政道之所一體而德之所總要處

遂不言而死者衆矣然天下莫知貴其不言也故道可道非常道名可名非常名著於竹帛鏤於金石可傳於人者其粗也五帝三王殊事而同指異路而同歸晚世學者不知道之所一體德之所總要取成之迹相與危坐而説之鼓歌而舞之故博學多聞而不免於惑詩云不敢暴虎不敢馮河人知其一莫知其他此之謂也帝者體太一王者法陰陽霸者則四時君者用六律秉太一者牢籠天地彈壓山川含吐陰陽伸曳四時紀綱八極經緯六合覆露照導普汜無

此帝者體太一

私蝡飛蠕動莫不仰德而生陰陽者承天地之和形萬殊之體含氣化物以成埒類贏縮卷舒淪於不測終始虛滿轉於無原四時者春生夏長秋收冬藏取予有節出入有時開闔張歙不失其敘喜怒剛柔不離其理六律者生之與殺也賞之與罰也予之與奪也非此無道也故謹於權衡準繩審乎輕重足以治其境內矣是故體太一者明於天地之情通於道德之倫聰明燿於日月精神通於萬物動靜調於陰陽喜怒和於四時德澤施於方外名聲傳於後世法陰

此王者法陰陽

此霸者則四時

此君者用六律

陽者德與天地參明與日月並精與鬼神總戴圓履方抱表懷繩內能治身外能得人發號施令天下莫不從風則四時者柔而不脆剛而不韇寬而不肆肅而不悖優柔委從以養羣類其德含愚而容不肖無所私愛用六律者伐亂禁暴進賢而廢不肖扶發以爲正壞險以爲平矯枉以爲直明於禁舍開閉之道乘時因勢以服役人心也帝者體陰陽則侵王者法四時則削霸者節六律則辱君者失準繩則廢故小而行大則滔窕而不親大而行小則阨隘而不容貴

遼寧省圖書館藏
陶湘舊藏閔凌刻本集成

無故揀入真人一段此漢

賤不失其體而天下治矣天愛其精地愛其平人愛其情天之精日月星辰雷電風雨也地之平水火金木土也人之情思慮聰明喜怒也故閉四關止五遁則與道淪是故神明藏於無形精神反於至眞則目明而不以視耳聰而不以聽心條達而不以思慮委而弗爲和而弗矜眞性命之情而智故不得雜焉精泄於目則其視明在於耳則其聽聰留於口則其言當集於心則其慮通故閉四關則身無患百節莫苑莫死莫生莫虛莫盈是謂眞人凡亂之所由生者皆

儒不及整頓處

下五遁鋪張甚麗

在流遁流遁之所生者五大構駕興宮室延樓棧道雞棲井幹標株欂櫨以相支持木巧之飾盤紆刻儼嬴鏤雕琢詭文回波淌游瀷減菱杼紾抱芒繁亂澤巧僞紛挐以相摧錯此遁於木也鑿汙池之深肆畛崖之遠來谿谷之流飾曲岸之際積牒旋石以純修碕抑減怒瀨以揚激波曲拂邅回以像湡浯益樹蓮菱以食鱉魚鴻鵠鷫鷞稻粱饒餘龍舟鷁首浮吹以娛此遁於水也高築城郭設樹險阻崇臺榭之隆後苑囿之大以窮要妙之望魏闕之高上際青雲大厦

增加擬於崑崙脩爲墻垣甬道相連殘高增下積土爲山接徑歷遠直道夷險終日馳騖而無蹪蹈之患此遁於土也大鐘鼎美重器華蟲流鏤以相繆紾寢兕伏虎蟠龍連組焜昱錯眩照燿煇煌偃蹇蓼糾曲成文章雕琢之飾鍛錫文鏡乍晦乍明抑微滅瑕霜文沈居若簟籧篨纏錦經冗以數而疏此遁於金也煎熬焚炙調齊和之適以窮荆吳甘酸之變焚林而獵燒燎大木鼓橐吹埵以銷銅鐵靡流堅鍛無猒足曰山無峻幹林無柘梓燎木以爲炭燔草而爲灰野

天地之生財也又另生一意發下

莽白素不得其時上掩天光下殄地財此遁於火也此五者一足以亡天下矣是故古者明堂之制下之潤溼弗能及上之霧露弗能入四方之風弗能襲土事不文木工不斲金器不鏤衣無隅差之削冠無觚贏之理堂大足以周旋理文靜潔足以享上帝禮鬼神以示民知儉節夫聲色五味遠國珍怪瓌異奇物足以變心易志搖蕩精神感動血氣者不可勝計也夫天地之生財也本不過五聖人節五行則治不荒凡人之性心和欲得則樂樂斯動動斯蹈蹈斯蕩蕩

遼寧省圖書館藏
陶湘舊藏閔凌刻本集成

飾喜飾哀飾怒諸兵俱所以節五行而治不荒者

斯歌歌斯舞歌舞節則禽獸跳矣人之性心有憂喪則悲悲則哀哀斯憤憤斯怒怒斯動動則手足不靜人之性有侵犯則怒怒則血充血充則氣激氣激則發怒發怒則有所釋憾矣故鐘鼓管簫干鏚羽旄所以飾喜也衰絰苴杖哭踊有節所以飾哀也兵革羽旄金鼓斧鉞所以飾怒也必有其質乃爲之文古者聖人在上政教平仁愛洽上下同心君臣輯睦衣食有餘家給人足父慈子孝兄良弟順生者不怨死者不恨天下和洽人得其願夫人相樂無所發貺故聖

末世不節五行故害治

思慕未絶下所謂喪之本

人爲之作樂以和節之末世之政田漁重稅關市急征澤梁畢禁網罟無所布耒耜無所設民力竭於徭役財用殫於會賦居者無食行者無糧老者不養死者不葬贅妻鬻子以給上求猶弗能贍愚夫惷婦皆有流連之心悽愴之志乃使始爲之撞大鐘擊鳴鼓吹竽笙彈琴瑟失樂之本矣古者上求薄而民用給君施其德臣盡其忠父行其慈子竭其孝各致其愛而無憾恨其間夫三年之喪非強而致之聽樂不樂食旨不甘思慕之心未能絶也晚世風流俗敗嗜慾

遼寧省圖書館藏
陶湘舊藏閔凌刻本集成

多禮義廢君臣相欺父子相疑怨尤充胷思心盡亡被衰戴絰戲笑其中雖致之三年失喪之本也古者天子一畿諸侯一同各守其分不得相侵有不行王道者暴虐萬民爭地侵壤亂政犯禁召之不至令之不行禁之不止誨之不變乃舉兵而伐之戮其君易其黨封其墓類其社卜其子孫以代之晚世務廣地侵壤并兼無已舉不義之兵伐無罪之國殺不辜之民絕先聖之後大國出攻小國城守驅人之牛馬傒人之子女毀人之宗廟遷人之重寶血流千里暴骸

處喪用兵應前而事親有道朝廷有容前未之見蓋古人文字有借賓形主之法

滿野以贍貪主之欲非兵之所爲生也故兵者所以討暴非所以爲暴也樂者所以致和非所以爲淫也喪者所以盡哀非所以爲僞也故事親有道矣而愛爲務朝廷有容矣而敬爲上處喪有禮矣而哀爲主用兵有術矣而義爲本本立而道行本傷而道廢

張賓王曰講五遁宏博典麗間入韻語可與子虛三都馳騁千古

遼寧省圖書館藏
陶湘舊藏閔凌刻本集成

此篇論人主之術大都重無爲二字後雖蔓衍千餘言要不出此根株蓋皆原於老氏道德之意

淮南鴻烈解卷九

主術訓

人主之術。處無爲之事。而行不言之教。淸靜而不動。一度而不搖。因循而任下。責成而不勞。是故心知規而師傅諭導。口能言而行人稱辭。足能行而相者先導。耳能聽而執正進諫。是故慮無失策。謀無過事。言爲文章。行爲儀表於天下。進退應時。動靜循理。不爲醜美好憎。不爲賞罰喜怒。名各自名。類各自類。事猶自然。莫出於己。故古之王者。冕而前旒。所以蔽明也。

黈纊塞耳所以掩聰天子外屏所以自障故所理者遠則所在者邇所治者大則所守者少夫目妄視則淫耳妄聽則惑口妄言則亂夫三關者不可不愼守也若欲規之乃是離之若欲飾之乃是賊之天氣爲魂地氣爲魄反之玄房各處其宅守而勿失上通太一太一之精通於天道天道玄默無容無則大不可極深不可測尚與人化知不能得昔者神農之治天下也神不馳於胷中智不出於四域懷其仁成之心甘雨時降五穀蕃植春生夏長秋收冬藏月省時考

此段只重守而勿失二句老氏所謂載營魄抱一能無離者下神農之治正是守而勿失故能致治若斯

遼寧省圖書館藏
陶湘舊藏閔凌刻本集成

其盛

末世之治只是矯拂其本而事脩其末與神農反老氏曰法令滋章盜賊多有

歲終獻功以時嘗穀祀於明堂明堂之制有蓋而無四方風雨不能襲寒暑不能傷遷延而入之養民以公其民樸重端慤不忿爭而財足不勞形而功成因天地之資而與之和同是故威厲而不殺刑錯而不用法省而不煩故其化如神其地南至交阯北至幽都東至暘谷西至三危莫不聽從當此之時法寬刑緩囹圄空虛而天下一俗莫懷姦心末世之政則不然上好取而無量下貪狼而無讓民貧苦而忿爭事力勞而無功智詐萌興盜賊滋彰上下相怨號令不

信哉是言也

應前矯拂其本而事脩其末下正言聖人所脩者本

行執政有司不務反道矯拂其本而事脩其末削薄其德曾累其刑而欲以爲治無以異於執彈而來鳥捭梲而狎犬也亂乃逾甚夫水濁則魚噞政苛則民亂故夫養虎豹犀象者爲之圈檻供其嗜欲適其饑飽違其怒恚然而不能終其天年者刑有所劫也是以上多故則下多詐上多事則下多態上煩擾則下不定上多求則下交爭不直之於本而事之於末譬猶揚堁而弭塵抱薪以救火也故聖人事省而易治求寡而易贍不施而仁不言而信不求而得不爲而

遼寧省圖書館藏陶湘舊藏閔凌刻本集成

本即下所云神化
張賓王曰精論

成塊然保眞抱德推誠天下從之如響之應聲景之像形其所修者本也刑罰不足以移風殺戮不足以禁姦唯神化爲貴至精爲神夫疾呼不過聞百步志之所在踰於千里冬日之陽夏日之陰萬物歸之而莫使之然故至精之像弗招而自來不麾而自往窈窈冥冥不知爲之者誰而功自成智者弗能誦辯者弗能形昔孫叔敖恬卧而郢人無所害其鋒市南宜遼弄丸而兩家之難無所關其辭鞅韐鐵鎧瞋目扼掔其於以御兵刃縣矣券契束帛刑罰斧鉞其於以

伯玉皋陶師曠有神化鼓舞其間而遊於法令聞見之外者

解難薄矣待目而照見待言而使令其於爲治難矣蘧伯玉爲相子貢往觀之曰何以治國曰以弗治治之簡子欲伐衞使史黯往覕焉還報曰蘧伯玉爲相未可以加兵固塞險阻何足以致之故皋陶瘖而爲大理天下無虐刑有貴於言者也師曠瞽而爲太宰晉無亂政有貴於見者也故不言之令不視之見此伏羲神農之所以爲師也故民之化也不從其所言而從所行故齊莊公好勇不使鬬爭而國家多難其漸至於崔杼之亂頃襄好色不使風議而民多昏亂

以下正言感之不可不慎

其積至昭奇之難故至精之所動若春氣之生秋氣之殺也雖馳傳騖置不若此其亟故君人者其猶射者乎於此毫末於彼尋常矣故慎所以感之也夫榮啟期一彈而孔子三日樂感於和鄒忌一徽而威王終夕悲感於憂動諸琴瑟形諸音聲而能使人爲之哀樂縣法設賞而不能移風易俗者其誠心弗施也甯戚商歌車下桓公喟然而寤夫至精入人深矣故曰樂聽其音則知其俗見其俗則知其化孔子學鼓琴於師襄而諭文王之志見微以知明矣延陵季子

重振起神化二字即所謂誠也

聽魯樂而知殷夏之風論近以識遠也作之上古施及千歲而文不滅况於並世化民乎湯之時七年旱以身禱於桑林之際而四海之雲湊千里之雨至抱質效誠感動天地神諭方外令行禁止豈足爲哉古聖王至精形於內而好憎忘於外出言以副情發號以明旨陳之以禮樂風之以歌謠業貫萬世而不壅横扃四方而不窮禽獸昆蟲與之陶化又况於執法施令乎故太上神化其次使不得爲非其次賞賢而罰暴衡之於左右無私輕重故可以爲平繩之於內

張賓王曰精奇

外無私曲直故可以爲正人主之於用法無私好憎故可以爲命夫權輕重不差蟁首扶撥枉橈不失鍼鋒直施矯邪不私辟險姦不能枉讒不能亂德無所立怨無所藏是任術而釋人心者也故爲治者不與焉夫舟浮於水車轉於陸此勢之自然也木擊折槥水戾破舟不怨木石而罪巧拙者知故不載焉是故道有智則惑德有心則險心有目則眩兵莫憯於志而莫邪爲下寇莫大於陰陽而枹鼓爲小今夫權衡規矩一定而不易不爲秦楚變節不爲胡越改容常

規矩權衡之設總以無爲爲之此見無爲者道之宗狀下智勇不足治天下案

一而不邪方行而不流一日刑之萬世傳之而以無爲爲之故國有亡主而世無廢道人有困窮而理無不通由此觀之無爲者道之宗故得道之宗應物無窮任人之才難以至治湯武聖主也而不能與越人乘幹舟而浮於江湖伊尹賢相也而不能與胡人騎騵馬而服騊駼孔墨博通而不能與山居者入榛薄險阻也由此觀之則人知之於物也淺矣而欲以徧照海內存萬方不因道之數而專己之能則其窮不達矣故智不足以治天下也桀之力制觡伸鉤索鐵

人才不足任應前任人之才難以致治句

歙金椎移大犧水殺黿鼉陸捕熊羆然湯革車三百乘困之鳴條擒之焦門由此觀之勇力不足以持天下矣智不足以爲治勇不足以爲強則人材不足任明也而君人者不下廟堂之上而知四海之外者因物以識物因人以知人也故積力之所舉則無不勝也衆智之所爲則無不成也埳井之無黿鼉隘也園中之無脩木小也夫舉重鼎者力少而不能勝也及至其移徙之不待其多力者故千人之羣無絕梁萬人之聚無廢功夫華騮綠耳一日而至千里然其使

之搏兔不如豺狼伎能殊也鴟夜撮蚤蚊察分秋毫晝日顛越不能見丘山形性詭也夫螣蛇游霧而動應龍乘雲而舉猨得木而捷魚得水而騖故古之爲車也漆者不畫鑿者不斲工無二伎士不兼官各守其職不得相姦人得其宜物得其安是以器械不苦而職事不嫚夫責少者易償職寡者易守任輕者易權上操約省之分下效易爲之功是以君臣彌久而不相猒君人之道其猶零星之尸也儼然玄默而吉祥受福是故得道者不爲醜飾不爲僞善一人被之

遼寧省圖書館藏
陶湘舊藏閔凌刻本集成

若重爲暴若字乃助字也下正言惠與暴所當並重

而不褒萬人蒙之而不褊是故重爲惠若重爲暴則治道通矣爲惠者曰布施也無功而厚賞無勞而高爵則守職者懈於官而游居者亟於進矣爲暴者妄誅也無罪者而死亡行直而被刑則脩身者不勸善而爲邪者輕犯上矣故爲惠者生姦而爲暴者生亂姦亂之俗亡國之風是故明主之治國有誅者而主無怒焉朝有賞者而君無與焉誅者不怨君罪之所當也賞者不德上功之所致也民知誅賞之來皆在於身也故務功脩業不受贛於君是故朝廷蕪而無

張賓王曰精言

迹。田野辟而無草。故太上。下知有之。今夫橋直植立而不動。俛仰取制焉。人主靜權而不躁。百官得脩焉。譬如軍之持麾者。妄指則亂矣。慧不足以大寧。智不足以安危。與其譽堯而毀桀也。不如掩聰明而反脩其道也。清靜無爲。則天與之時。廉儉守節。則地生之財。處愚稱德。則聖人爲之謀。是故下者萬物歸之。虛者天下遺之。夫人主之聽治也。清明而不闇。虛心而弱志。是故羣臣輻湊並進。無愚智賢不肖。莫不盡其能。於是乃始陳其禮。建以爲基。是乘衆勢以爲車。御

遼寧省圖書館藏
陶湘舊藏閔凌刻本集成

灌輸斟酌即群臣輻湊並進之謂故能不出户知天下不窺牖知天道

衆智以爲馬雖幽野險塗則無由惑矣人主深居隱處以避燥溼閨門重襲以避姦賊內不知閭里之情外不知山澤之形帷幕之外目不能見十里之前耳不能聞百步之外天下之物無不通者其灌輸之者大而斟酌之者衆也是故不出戶而知天下不窺牖而知天道乘衆人之智則天下之不足有也專用其心則獨身不能保也是故人主覆之以德不行其智而因萬人之所利夫舉踵天下而得所利故百姓載之上弗重也錯之前弗害也舉之而弗高也推之而

自此至天下不足有即前段意特複言之耳

弗猒主道員者運轉而無端化育如神虛無因循常
後而不先也臣道員者運轉而無方論是而處當爲
事先倡守職分明以立成功也是故君臣異道則治
同道則亂各得其宜處其當則上下有以相使也夫
人主之聽治也虛心而弱志清明而不闇是故羣臣
輻湊並進無愚智賢不肖莫不盡其能者則君得所
以制臣臣得所以事君治國之道明矣文王智而好
問故聖武王勇而好問故勝夫乘衆人之智則無不
任也用衆人之力則無不勝也千鈞之重烏獲不能

遼寧省圖書館藏
陶湘舊藏閔凌刻本集成

舉也衆人相一則百人有餘力矣是故任一人之力者則烏獲不足恃乘衆人之制者則天下不足有也禹決江疏河以爲天下興利而不能使水西流稷辟土墾草以爲百姓力農然不能使禾冬生豈其人事不至哉其勢不可也夫推而不可爲之勢而不循道理之數雖神聖人不能以成其功而況當世之主乎夫載重而馬羸雖造父不能以致遠車輕馬良雖中工可使追速是故聖人舉事也豈能拂道理之數詭自然之性以曲爲直以屈爲伸哉未嘗不因其資而

禹決江疏河至此總言自然之性不可詭而聖人必因才為用下則論用才之不可不慎

用之也是以積力之所舉無不勝也而衆智之所爲無不成也聾者可令嗺筋而不可使有聞也瘖者可使守圉而不可使言也形有所不周而能有所不容也是故有一形者處一位有一能者服一事力勝其任則舉之者不重也能稱其事則爲之者不難也毋小大脩短各得其宜則天下一齊無以相過也聖人兼而用之故無棄才人主貴正而尚忠忠正在上位執正營事則讒佞姦邪無由進矣譬猶方員之不相蓋而曲直之不相入夫鳥獸之不可同羣者其類異

遼寧省圖書館藏
陶湘舊藏閔凌刻本集成

也虎鹿之不同遊者力不敵也是故聖人得志而在上位讒佞姦邪而欲犯主者譬猶雀之見鸇而鼠之遇狸也亦必無餘命矣是故人主之一舉也不可不慎也所任者得其人則國家治上下和羣臣親百姓附所任非其人則國家危上下乖羣臣怨百姓亂故一舉而不當終身傷得失之道權要在主是故繩正於上木直於下非有事焉所緣以脩者然也故人主誠正則直士任事而姦人伏匿矣人主不正則邪人得志忠者隱蔽矣夫人之所以莫抓玉石而抓瓜瓠

處人以譽尊則樊英黃瓊者是游者以辯顯則談天

者何也無得於玉石弗犯也使人主執正持平如從繩準高下則羣臣以邪來者猶以卵投石以火投水故靈王好細腰而民有殺食自饑也越王好勇而民皆處危爭死由此觀之權勢之柄其以移風易俗矣堯爲匹夫不能仁化一里桀在上位令行禁止由此觀之賢不足以爲治而勢可以易俗明矣書曰一人有慶萬民賴之此之謂也天下多眩於名聲而寡察其實是故處人以譽尊而游者以辯顯察其所尊顯無他故焉人主不明分數利害之地而賢衆口之辯

遼寧省圖書館藏
陶湘舊藏閔凌刻本集成

衍雕龍奭者是

治國亂國二段只是名實二字着工夫不同而其國之理亂自判

也治國則不然言事者必究於法而爲行者必治於官上操其名以責其實臣守其業以效其功言不得過其實行不得踰其法羣臣輻湊莫敢專君事不在法律中而可以便國佐治必參五行之陰考以觀其歸並用周聽以察其化不偏一曲不黨一事是以中立而徧運照海內羣臣公正莫敢爲邪百官述職務致其公迹也主精明於上官勸力於下姦邪滅迹庶功日進是以勇者盡於軍亂國則不然有衆咸譽者無功而賞守職者無罪而誅主上闇而不明羣臣黨

而不忠詭談者游於辯脩行者競於往主上出令則非之以與法令所禁則犯之以邪爲智者務於巧詐爲勇者務於鬬爭大臣專權下吏持勢朋黨周比以弄其上國雖若存古之人曰亡矣且夫不治官職而被甲兵不隨南畝而有賢聖之聲者非所以都於國也騏驥騄駬天下之疾馬也驅之不前引之不止雖愚者不加體焉令治亂之機轍迹可見也而世主莫之能察此治道之所以塞權勢者人主之車輿爵祿者人臣之轡銜也是故人主處權勢之要而持爵祿

遼寧省圖書館藏
陶湘舊藏閔凌刻本集成

豫讓報主周民死節皆恩澤使然權勢爵祿能籠絡

之柄審緩急之度而適取予之節是以天下盡力而不倦夫臣主之相與也非有父子之厚骨肉之親也而竭力殊死不辭其軀者何也勢有使之然也昔者豫讓中行文子之臣智伯伐中行氏并吞其地豫讓背其主而臣智伯智伯與趙襄子戰於晉陽之下身死爲戮國分爲三豫讓欲報趙襄子漆身爲厲吞炭變音擿齒易貌夫以一人之心而事兩主或背而去或欲身狥之豈其趨捨厚薄之勢異哉人之恩澤使之然也紂兼天下朝諸侯人迹所及舟檝所通莫不

一世如此

賓服然而武王甲卒三千人擒之於牧野豈周民死節而殷民背叛哉其主之德義厚而號令行也夫疾風而波興木茂而鳥集相生之氣也是故臣不得其所欲於君者君亦不能得其所求於臣也君臣之施者相報之勢也是故臣盡力死節以與君君計功垂爵以與臣是故君不能賞無功之臣臣亦不能死無德之君君德不下流於民而欲用之如鞭蹏馬矣是猶不待雨而求熟稼必不可之數也君人之道處靜以脩身儉約以率下靜則下不擾矣儉則民不怨矣

遼寧省圖書館藏
陶湘舊藏閔凌刻本集成

此不處靜以脩身者

此不儉約以率下者

下擾則政亂民怨則德薄政亂則賢者不爲謀德薄則勇者不爲死是故人主好鷙鳥猛獸珍怪奇物狡躁康荒不愛民力馳騁田獵出入不時如此則百官務亂事勤財匱萬民愁苦生業不脩矣人主好高臺深池雕琢刻鏤黼黻文章絺綌綺繡寶玩珠玉則賦斂無度而萬民力竭矣堯之有天下也非貪萬民之富而安人主之位也以爲百姓力征强凌弱衆暴寡於是堯乃身服節儉之行而明相愛之仁以和輯之是故茅茨不翦采椽不斲大路不畫越席不緣大羹

處靜節儉惟堯得之衰世則否

不和粢食不毀巡狩行教勤勞天下周流五嶽豈其奉養不足樂哉舉天下而以爲社稷非有利焉年衰志憫舉天下而傳之舜猶却行而脫蹝也衰世則不然一日而有天下之富處人主之勢則竭百姓之力以奉耳目之欲志專在於宫室臺榭陂池苑囿猛獸熊羆玩好珍怪是故貧民糟糠不接於口而虎狼熊羆猒芻豢百姓短褐不完而宫室衣繡人主急兹無用之功百姓黎民顦顇於天下是故使天下不安其性人主之居也如日月之明也天下之所同側目而

遼寧省圖書館藏
陶湘舊藏閔凌刻本集成

張賓王曰人以此兩語重武侯不知為淮南語也

用人當如巧工如良醫

視側耳而聽延頸舉踵而望也是故非澹漠無以明德非寧靜無以致遠非寬大無以兼覆非慈厚無以懷衆非平正無以制斷是故賢主之用人也猶巧工之制木也大者以爲舟航柱梁小者以爲楫楔脩者以爲櫚榱短者以爲朱儒枅櫨無小大脩短各得其所宜規矩方圓各有所施天下之物莫凶於雞毒然而良醫橐而藏之有所用也是故林莽之材猶無可棄者而況人乎今夫朝廷之所不舉鄉曲之所不譽非其人不肖也其所以官之者非其職也鹿之上山

獐不能跂也及其下牧豎能追之才有所脩短也是故有大畧者不可責以捷巧有小智者不可任以大功人有其才物有其形有任一而太重或任百而尚輕是故審毫釐之計者必遺天下之大數不失小物之選者惑於大數之舉譬猶貍之不可使搏牛虎之不可使搏鼠也今人之才或欲平九州并方外存危國繼絶世志在直道正邪決煩理挐而乃責之以閨閤之禮陾穾之間或佞巧小具諂進偷說隨鄉曲之俗卑下衆人之耳目而乃任之以天下之權治亂之

遼寧省圖書館藏
陶湘舊藏閔凌刻本集成

機。是猶以斧劗毛。以刀抵木也。皆失其宜矣。人主者。以天下之目視。以天下之耳聽。以天下之智慮。以天下之力爭。是故號令能下究。而臣情得上聞。百官脩同。羣臣輻輳。喜不以賞賜。怒不以罪誅。是故威厲立而不廢。聰明先而不弊。法令察而不苛。耳目達而不闇。善否之情日陳於前而無所逆。是故賢者盡其智。而不肖者竭其力。德澤兼覆而不偏。羣臣勸務而不怠。近者安其性。遠者懷其德。所以然者何也。得用人之道。而不任己之才者也。故假輿馬者。足不勞而致

明主以謀畫之是非論不以位論而聽明不蔽

闇主近邪枉而疏忠良故才不為用而聰明日壅

千里乘舟檝者不能游而絕江海夫人主之情莫不欲總海內之智盡衆人之力然而羣臣志達效忠者希不困其身使言之而是雖在褐夫芻蕘猶不可棄也使言之而非也雖在卿相人君揄策於廟堂之上未必可用是非之所在不可以貴賤尊卑論也是明主之聽於羣臣其計乃可用不羞其位其言可行而不責其辯闇主則不然所愛習親近者雖邪枉不正不能見也疏遠卑賤者竭力盡忠不能知也有言者窮之以辭有諫者誅之以罪如此而欲照海內存萬

以下俱用法意見人主不可廢法

方是猶塞耳而聽淸濁掩目而視青黄也其離聰明則亦遠矣法者天下之度量而人主之準繩也縣法者法不法也設賞者賞當賞也法定之後中程者賞缺繩者誅尊貴者不輕其罰而卑賤者不重其刑犯法者雖賢必誅中度者雖不肖必無罪是故公道通而私道塞矣古之置有司也所以禁民使不得自恣也其立君也所以剬有司使無專行也法籍禮義者所以禁君使無擅斷也人莫得自恣則道勝道勝而理達矣故反於無爲無爲者非謂其凝滞而不動也

又以法籍禮義反於無爲

與前相喚應
度與聲其有
為俱本於無
為人君之治
亦然

以其言莫從已出也夫寸生於稞稞生於日日生於
形形生於景此度之本也樂生於音音生於律律生
於風此聲之宗也法生於義義生於衆適衆適合於
人心此治之要也故通於本者不亂於末覩於要者
不惑於詳法者非天墮非地生發於人間而反以自
正是故有諸已不非諸人無諸已不求諸人所立於
下者不廢於上所禁於民者不行於身所謂亡國非
無君也無法也變法者非無法也有法者而不用與
無法等是故人主之立法先自為檢式儀表故令行

遼寧省圖書館藏
陶湘舊藏閔凌刻本集成

自爲檢式儀表而令行於天下則法之所謂無爲

造父得轡銜之術故能取道致遠人主得御大臣之術故耳目不勞精神不倦

於天下孔子曰其身正不令而行其身不正雖令不從故禁勝於身則令行於民矣聖主之治也其猶造父之御齊輯之於轡銜之際而急緩之於脣吻之和正度於胷臆之中而執節於掌握之間內得於心中外合於馬志是故能進退履繩而旋曲中規取道致遠而氣力有餘誠得其術也是故權勢者人主之車輿也大臣者人主之駟馬也體離車輿之安而手失駟馬之心而能不危者古今未有也是故輿馬不調王良不足以取道君臣不和唐虞不能以爲治也執

術而御之，則管晏之智盡矣。明分以示之，則蹠蹻之姦止矣。夫據除而窺井底，雖達視猶不能見其睛，借明於鑑以照之，則寸分可得而察也。是故明主而耳目不勞，精神不竭，物至而觀其象，事來而應其化。近者不亂，遠者治也。是故不用適然之數，而行必然之道，故萬舉之無遺策矣。今夫御者，馬體調於車，御心和於馬，則歷險致遠，進退周游，莫不如志。雖有騏驥騄駬之良，臧獲御之，則馬反自恣，而人弗能制矣。故治者不貴其自是，而貴其不得為非也。故曰勿使可

遼寧省圖書館藏
陶湘舊藏閔凌刻本集成

老子曰魚不可脱於淵國之利器不可以示人此漢

欲毋曰弗求勿使可奪毋曰不爭如此則人材擇而公道行矣美者正於度而不足者建於用故海內可一也夫釋職事而聽非譽棄公勞而用朋黨則奇材佻長而干次守官者雍遏而不進如此則民俗亂於國而功臣爭於朝故法律度量者人主之所以執下釋之而不用是猶無轡銜而馳也羣臣百姓反弄其上是故有術則制人無術則制於人吞舟之魚蕩而失水則制於螻蟻離其居也猨狖失木而擒於狐狸非其處也君人者釋所守而與臣下爭則有司以無

儒蓋祖其意而支其詞者

爲持位守職者以從君取容是以人臣藏智而弗用反以事轉任其上矣夫貴富者之於勞也達事者之於察也驕恣者之於恭也勢不及君君人者不任能而好自爲之則智日困而自負其責也數窮於下則不能伸理行墮於國則不能專制智不足以爲治威不足以行誅則無以與天下交也喜怒形於心者欲見於外則守職者離正而阿上有司枉法而從風賞不當功誅不應罪上下離心而君臣相怨也是以執政阿主而有過則無以責之有罪而不誅則百官煩

遼寧省圖書館藏
陶湘舊藏閔凌刻本集成

反覆以御馬喻任人之逸亦與無爲相應

亂智弗能解也毀譽萌生而明不能照也不正本而反自然則人主逾勞人臣逾逸是猶代庖宰剝牲而爲大匠斲也與馬競走筋絶而弗能及上車執轡則馬死於衡下故伯樂相之王良御之明主乘之無御相之勞而致千里者乘於人資以爲羽翼也是故君人者無爲而有守也有爲而無好也有爲則讒生有好則諛起昔者齊桓公好味而易牙烹其首子而餌之虞君好寶而晉獻以璧馬釣之胡王好音而秦穆公以女樂誘之是皆以利見制於人也故善建者不

滅想去意四句此無爲而有守循名責實五句此有爲而無好

拔夫火熱而水滅之金剛而火銷之木強而斧伐之水流而土遏之唯造化者物莫能勝也故中欲不出謂之扃外邪不入謂之塞中扃外閉何事之不節外閉中扃何事之不成弗用而後能用之弗爲而後能爲之精神勞則越耳目淫則竭故有道之主滅想去意清虛以待不伐之言不奪之事循名責實使有司任而弗詔責而弗教以不知爲道以奈何爲寶如此則百官之事各有所守也攝權勢之柄其於化民易矣衞君役子路權重也景桓公臣管晏位尊也怯服

遼寧省圖書館藏
陶湘舊藏閔凌刻本集成

以下歷引權勢化民之易

勇而愚制智其所託勢者勝也故枝不得大於榦末不得強於本則輕重大小有以相制也若五指之屬於臂搏猨攫捷莫不如志言以小屬於大也是故得勢之利者所持甚小其存甚大所守甚約所制甚廣是故十圍之木持千鈞之屋五寸之鍵制開闔之門豈其材之巨小足哉所居要也孔丘墨翟修先聖之術通六藝之論口道其言身行其志慕義從風而爲之服役者不過數十人使居天子之位則天下徧爲儒墨矣楚莊王傷文無畏之死於宋也奮袂而起衣

握劔牽牛制
舡三喻俱見
發號施令者
當順其勢欲

冠相連於道遂成軍宋城之下權柄重也楚文王好服獬冠楚國效之趙武靈王貝帶鵕鸃而朝趙國化之使在匹夫布衣雖冠獬冠帶貝帶鵕鸃而朝則不免爲人笑也夫民之好善樂正不待禁誅而自中法度者萬無一也下必行之令從之者利逆之者凶日陰未移而海內莫不被繩矣故握劒鋒以離北宫子司馬蒯蕢不使應敵操其觚招其末則庸人能以制勝今使烏獲藉蕃從後牽牛尾尾絕而不從者逆也若指之桑條以貫其鼻則五尺童子牽而周四海者

順其勢則防民害開民利是已桓公順之而霸紂逆之而爲獨夫可不審哉

順也夫七尺之撓而制船之左右者以水爲資天子發號令行禁止以衆爲勢也夫防民之所害開民之所利威行也若發堿決塘故循流而下易以至背風而馳易以遠桓公立政去食肉之獸食粟之鳥係罝之綱三舉而百姓説紂殺王子比干而骨肉怨斮朝涉者之脛而萬民叛再舉而天下失矣故義者非能徧利天下之民也利一人而天下從風暴者非盡害海内之衆也害一人而天下離叛故桓公三舉而九合諸矦紂再舉而不得爲匹夫故舉錯不可不審人

人主之車輿衣食俱當計歲之豐歉量民之積聚而爲之此在虞周之世則然

主租斂於民也必先計歲而收量民積聚知饑饉有餘不足之數然後取車輿衣食供養其欲高臺層榭接屋連閣非不麗也然民有掘穴狹廬所以託身者明主非樂也肥醲甘脆非不美也然民有糟糠菽粟不接於口者則明主弗甘也匡牀蒻席非不寧也然民有處邊城犯危難澤死暴骸者明主弗安也故古之君人者其懆怛於民也國有饑者食不重味民有寒者而冬不被裘歲登民豐乃始縣鐘鼓陳干戚君臣上下同心而樂之國無哀人故古之爲金石管絃

遼寧省圖書館藏陶湘舊藏閔凌刻本集成

有充於內指歲登豊言成像於外指鍾鼓干戚言

者所以宣樂也兵革斧鉞者所以飾怒也觴酌俎豆酬酢之禮所以效善也衰經管屨辟踊哭泣所以諭哀也此皆有充於內而成像於外及至亂主取民則不裁其力求於下則不量其積男女不得事耕織之業以供上之求力勤財匱君臣相疾也故民至於焦脣沸肝有今無儲而乃始撞大鐘擊鳴鼓吹竽笙彈琴瑟是猶貫甲胄而入宗廟被羅紈而從軍旅失樂之所由生矣夫民之為生也一人蹠耒而耕不過十畝中田之獲卒歲之收不過畝四石妻子老弱仰而

食之時有涔旱災害之患無以給上之徵賦車馬兵革之費由此觀之則人之生憫矣夫天地之大計三年耕而餘一年之食率九年而有三年之畜十八年而有六年之積二十七年而有九年之儲雖涔旱災害之殃民莫困窮流亡也故國無九年之畜謂之不足無六年之積謂之憫急無三年之畜謂之窮乏故有仁君明王其取下有節自養有度則得承受於天地而不離饑寒之患矣若貪主暴君撓於其下侵漁其民以適無窮之欲則百姓無以被天和而履地德

遼寧省圖書館藏
陶湘舊藏閔凌刻本集成

畋不掩群至彘不期年不得食皆王者田狩之礼順時序廣仁意也

矣食者民之本也民者國之本也國者君之本也是故人君者上因天時下盡地財中用人力是以羣生遂長五穀蕃植教民養育六畜以時種樹務脩田疇滋植桑麻肥墝高下各因其宜丘陵阪險不生五穀者以樹竹木春伐枯槁夏取果蓏秋畜疏食冬伐薪蒸以爲民資是故生無乏用死無轉尸故先王之法畋不掩羣不取麛夭不涸澤而漁不焚林而獵豺未祭獸罝罦不得布於野獺未祭魚網罟不得入於水鷹隼未摯羅網不得張於谿谷草木未落斤斧不得

入山林昆蟲未蟄不得以火燒田孕育不得殺鷇卵不得探魚不長尺不得取彘不期年不得食是故草木之發若蒸氣禽獸之歸若流原飛鳥之歸若煙雲有所以致之也故先王之政四海之雲至而脩封疆蝦蟇鳴燕降而達路除道陰降百泉則脩橋梁昏張中則務種穀大火中則種黍菽虛中則種宿麥昴中則收斂畜積伐薪木上告於天下布之民先王之所以應時脩備富國利民實曠來遠者其道備矣非能目見而足行之也欲利之也欲利之也不忘於心則

遼寧省圖書館藏
陶湘舊藏閔凌刻本集成

官自備矣。心之於九竅四支也。不能一事焉。然而動靜聽視皆以爲主者。不忘於欲利也。故堯爲善而衆善至矣。桀爲非而衆非來矣。善積則功成。非積則禍極。凡人之論。心欲小而志欲大。智欲員而行欲方。能欲多而事欲鮮。所以心欲小者。慮患未生。備禍未發。戒過慎微。不敢縱其欲也。志欲大者。兼包萬國。一齊殊俗。并覆百姓。若合一族。是非輻輳而爲之轂。智欲員者。環復轉運。終始無端。旁流四達。淵泉而不竭。萬物並興。莫不嚮應也。行欲方者。直立而不撓。素白而

張賓王曰人以此稱孫思邈不知其爲淮南說也心欲小二語足盡君子養德養身之要

聖人廣開納諫之路其心之小可知

不汚窮不易操通不肆志能欲多者文武具備動靜中儀舉動廢置曲得其宜無所擊戾無不畢宜也事欲鮮者執柄持術得要以應衆執約以治廣處靜持中運於璇樞以一合萬若合符者也故心小者禁於微也志大者無不懷也知員者無不知也行方者有不爲也能多者無不治也事鮮者約所持也古者天子聽朝公卿正諫博士誦詩瞽箴師誦庶人傳語史書其過宰徹其膳猶以爲未足也故堯置敢諫之鼓舜立誹謗之木湯有司直之人武王立戒愼之鞀過

遼寧省圖書館藏陶湘舊藏閔凌刻本集成

武王有吞吐乾坤之氣所以稱其志為大

若毫釐而既已備之也夫聖人之於善也無小而不舉其於過也無微而不改堯舜禹湯文武皆坦然天下而南面焉當此之時鼛鼓而食奏雍而徹已飯而祭竈行不用巫祝鬼神弗敢祟山川弗敢禍可謂至貴矣然而戰戰慄慄日慎一日由此觀之則聖人之心小矣詩云惟此文王小心翼翼昭事上帝聿懷多福其斯之謂歟武王伐紂發鉅橋之粟散鹿臺之錢封比干之墓表商容之閭朝成湯之廟解箕子之囚使各處其宅田其田無故無新唯賢是親用非其有

能歷觀興亡之由則其智環轉無端所以為員

所謂行方者惟守成業繩趨尺步之謂

有能而不技癢所以事鮮

使非其人晏然若故有之由此觀之則聖人之志大也文王周觀得失徧覽是非堯舜所以昌桀紂所以亡者皆著於明堂於是略智博聞以應無方由此觀之則聖人之智員矣成康繼文武之業守明堂之制觀存亡之迹見成敗之變非道不言非義不行言不苟出行不苟爲擇善而後從事焉由此觀之則聖人之行方矣孔子之通智過於萇弘勇服於孟賁足躡郊菟力招城關能亦多矣然而勇力不聞伎巧不知專行孝道以成素王事亦鮮矣春秋二百四十二年

遼寧省圖書館藏
陶湘舊藏閔凌刻本集成

蓋紀渻子養鬬雞之謂

亡國五十二弑君三十六采善鉏醜以成王道論亦博矣然而圍於匡顏色不變絃歌不輟臨死亡之地犯患難之危據義行理而志不攝分亦明矣然爲魯司寇聽獄必爲斷作爲春秋不道鬼神不敢專己夫聖人之智固已多矣其所守者約故舉而必榮愚人之智固已之矣其所事者多故動而必窮矣吳起張儀智不若孔墨而爭萬乘之君此其所以車裂支解也夫以正教化者易而必成以邪巧世者難而必敗凡將役行立趣於天下捨其易成者而從事難而必

六反蓋指心欲小志欲大智欲員行欲方能欲多事欲鮮六者之反也

敗者愚惑之所致也凡此六反者不可不察也偏知萬物而不知人道不可謂智偏愛羣生而不愛人類不可謂仁仁者愛其類也智者不可惑也仁者雖在斷割之中其所不忍之色可見也智者雖煩難之事其不闇之效可見也內恕反情心之所欲其不加諸人由近知遠由巳知人此仁智之所合而行也小有教而大有存也小有誅而大有寧也唯惻隱推而行之此智者之所獨斷也故仁智錯有時合合者爲正錯者爲權其義一也府吏守法君子制義法而無義

遼寧省圖書館藏
陶湘舊藏閔凌刻本集成

亦府吏也不足以爲政耕之爲事也勞織之爲事也擾擾勞之事而民不舍者知其可以衣食也人之情不能無衣食衣食之道必始於耕織萬民之所公見也物之若耕織者始初甚勞終必利也衆愚人之所見者寡事可權者多愚之所權者少此愚者之所多患也物之可備者智者盡備之可權者盡權之此智者所以寡患也故智者先忤而後合愚者始於樂而終於哀今日何爲而榮乎旦日何爲而義乎此易言也今日何爲而義旦日何爲而榮此難知也問瞽師

皆知爲義即瞽師之能言白黑者陳忠孝行而知所出者鮮即瞽師之不能知黑白者

曰白素何如曰縞然曰黑何若曰黮然援白黑而示之則不處焉人之視白黑以目言白黑以口瞽師有以言白黑無以知白黑故言白黑與人同其別白黑與人異入孝於親出忠於君無愚智賢不肖皆知其爲義也使陳忠孝行而知所出者鮮矣凡人思慮莫不先以爲可而後行之其是或非此愚智之所以異凡人之性莫貴於仁莫急於智仁以爲質智以行之兩者爲本而加之以勇力辯慧捷疾劬錄巧敏遲利聰明審察盡衆益也身材未脩伎藝曲備而無仁智

人必仁智爲表幹而後勇力果敢辯慧敏給蓋弓調而後求勁馬服而後求良士必慤而求智能之謂歟

以爲表幹而加之以衆美則益其損故不仁而有勇力果敢則狂而操利劒不知而辯慧懷給則棄驥而不式雖有材能其施之不當其處之不宜適足以輔僞飾非伎藝之衆不如其寡也故有野心者不可借便勢有愚質者不可與利器魚得水而游焉則樂塘决水涸則爲螻蟻所食有掌脩其隄防補其缺漏則魚得而利之國有以存人有以生國之所以存者仁義是也人之所以生者行善是也國無義雖大必亡人無善志雖勇必傷治國上使不得與焉孝於父母

以下推士上達之道以足仁義爲表幹意

弟於兄嫂信於朋友不得上令而可得爲也釋巳之所得爲而責於其所不得制悖矣士處卑隱欲上達必先反諸巳上達有道名譽不起而不能上達矣取譽有道不信於友不能得譽信於友有道事親不誽不信於友誽親有道脩身不誠不能事親矣誠身有道心不尊一不能專誠道在易而求之難驗在近而求之遠故弗得也

遼寧省圖書館藏
陶湘舊藏閔凌刻本集成

治本於一人後面求諸己之意切此

開口以道爲主

淮南鴻烈解卷十

繆稱訓

道至高無上至深無下平乎準直乎繩員乎規方乎矩包裹宇宙而無表裏洞同覆載而無所礙是故體道者不哀不樂不喜不怒其坐無慮其寢無夢物來而名事來而應主者國之心心治則百節皆安心擾則百節皆亂故其心治者支體相遺也其國治者君臣相忘也黄帝曰芒芒昧昧從天之道與元同氣故至德者言同畧事同指上下一心無岐道旁見者遏

此皆後篇仁義行而道德遷之意

障之於邪開道之於善而民鄉方矣故易曰同人於野利涉大川道者物之所導也德者性之所扶也仁者積恩之見證也義者比於人心而合於衆適者也故道滅而德用德衰而仁義生故上世體道而不德中世守德而弗壞也末世繩繩乎唯恐失仁義君子非仁義無以生失仁義則失其所以生小人非嗜欲無以活失嗜欲則失其所以活故君子懼失仁義小人懼失利觀其所懼知各殊矣易曰卽鹿無虞惟入於林中君子幾不如舍往吝其施厚者其報美其怨

遼寧省圖書館藏
陶湘舊藏閔凌刻本集成

此正各得其宜者

大者其禍深薄施而厚望畜怨而無患者古今未之有也是故聖人察其所以往則知其所以來者聖人之道猶中衢而致尊邪過者斟酌多少不同各得其所宜是故得一人所以得百人也人以其所願於上以與其下交誰弗戴以其所欲於下以事其上誰弗喜詩云媚兹一人應侯慎德慎德大矣一人小矣能善小斯能善大矣君子見過忘罰故能諫見賢忘賤故能讓見不足忘貧故能施情繫於中行形於外凡行戴情雖過無怨不戴其情雖忠來惡后稷廣利天

知人必本之已

下猶不自矜禹無廢功無廢財自視猶觖如也滿如
陷實如虛盡之者也凡人各賢其所説而説其所快
世莫不舉賢或以治或以亂非自遁求同乎已者也
已未必得賢而求與已同者而欲得賢亦不幾矣使
堯度舜則可使桀度堯是猶以升量石也今謂狐狸
則必不知狐又不知狸非未嘗見狐者必未嘗見狸
也狐狸非異同類也而謂狐狸則不知狐狸是故謂
不肖者賢則必不知賢謂賢者不肖則必不知不肖
者矣聖人在上則民樂其治在下則民慕其意小人

遼寧省圖書館藏陶湘舊藏閔凌刻本集成

聖人無棄人在用之何如

在上位如寢關曝纊不得須臾寧故易曰乘馬班如泣血漣如言小人處非其位不可長也物莫無所不用天雄烏喙藥之凶毒也良醫以活人侏儒瞽師人之困慰者也人主以備樂是故聖人制其剟材無所不用矣勇士一呼三軍皆辟其出之也誠故倡而不和意而不戴中心必有不合者也故舜不降席而王天下者求諸已也故上多故則民多詐矣身曲而景直者未之聞也說之所不至者容貌至焉容貌之所不至者感或至焉感乎心明乎智發而成形精之至

心治而無所不宜

也可以形勢接而不可以照誋戎翟之馬皆可以馳驅或近或遠唯造父能盡其力三苗之民皆可使忠信或賢或不肖唯唐虞能齊其美必有不傳者中行繆伯手搏虎而不能生也蓋力優而克不能及也用百人之所能則得百人之力舉千人之所愛則得千人之心辟若伐樹而引其本千枝萬葉則莫得弗從也慈父之愛子非爲報也不可內解於心聖王之養民非求用也性不能已若火之自熱冰之自寒夫有何脩焉及恃其力賴其功者若失火舟中故君子見

遼寧省圖書館藏
陶湘舊藏閔凌刻本集成

始斯知終矣媒妁譽人而莫之德也取庸而強飯之
莫之愛也雖親父慈母不加於此有以爲則恩不接
矣故送往者非所以迎來也施死者非專爲生也誠
出於巳則所動者遠矣錦繡登廟貴文也圭璋在前
尚質也文不勝質之謂君子故終年爲車無三寸之
鎋不可以驅馳匠人斲戶無一尺之楗不可以閉藏
故君子行思乎其所結心之精者可以神化而不可
以導人目之精者可以消澤而不可以昭認在混冥
之中不可諭於人故舜不降席而天下治桀不下陛

而天下亂蓋情甚乎叫呼也無諸已求諸人古今未
之聞也同言而民信信在言前也同令而民化誠在
令外也聖人在上民遷而化情以先之也動於上不
應於下者情與令殊也故易曰亢龍有悔三月嬰兒
未知利害也而慈母之愛諭焉者情也故言之用者
昭昭乎小哉不言之用者曠曠乎大哉身君子之言
信也中君子之意忠也忠信形於內感動應於外故
禹執干戚舞於兩階之間而三苗服鷹翔川魚鼈沉
飛鳥揚必遠害也子之死父也臣之死君也世有行

遼寧省圖書館藏
陶湘舊藏閔凌刻本集成

之者矣非出死以要名也恩心之藏於中而不能違其難也故人之甘甘非正爲蹠也而蹠焉往君子之慘怛非正爲僞形也諭乎人心非從外入自中出者也義尊乎君仁親乎父故君之於臣也能死生之不能使爲苟簡易父之於子也能發起之不能使無憂尋故義勝君仁勝父則君尊而臣忠父慈而子孝聖人在上化育如神太上曰我其性與其次曰微彼其如此乎故詩曰執轡如組易曰含章可貞動於近成文於遠夫察所夜行周公慙乎景故君子愼其獨也

求諸己而遠
無不應

釋近斯遠塞矣聞善易以正身難夫子見禾之三變
也滔滔然曰狐鄉丘而死我其首禾乎故君子見善
則痛其身焉身苟正懷遠易矣故詩曰弗躬弗親庶
民弗信小人之從事也曰苟得君子曰苟義所求者
同所期者異乎擊舟水中魚沉而鳥揚同聞而殊事
其情一也僖負羈以壺餐表其閭趙宣孟以束脯免
其軀禮不隆而德有餘仁心之感恩接而憯怛生故
其入人深俱之叫呼也在家老則爲恩厚其在債人
則生爭鬬故曰兵莫憯於意志莫邪爲下寇莫大於

遼寧省圖書館藏
陶湘舊藏閔凌刻本集成

聖人反己之治不期然而然

張賓王曰新妙

陰陽枹鼓爲小聖人爲善非以求名而名從之名不與利期而利歸之故人之憂喜非爲蹝蹝焉往生也故至人不容故若眯而撫若跌而據聖人之爲治漠然不見賢焉終而後知其可大也若日之行騏驥不能與之爭遠今夫夜有求與瞽師併東方開斯照矣動而有益則損隨之故易曰剝之不可遂盡也故受之以復積薄爲厚積卑爲高故君子日孳孳以成煇小人日快快以至辱其消息也離朱弗能見也文王聞善如不及宿不善如不祥非爲日不足也其憂尋

張賓王曰妙語

推之也故詩曰周雖舊邦其命維新懷情抱質天弗能殺地弗能薶也聲揚天地之間配日月之光甘樂之者也苟鄉善雖過無怨苟不鄉善雖忠來患故怨人不如自怨求諸人不如求諸已得也聲自召也貌自示也名自命也文自官也無非已者操鋭以刺操刃以擊自召也貌何自怨乎人故筦子文錦也雖醜登廟子產練染也美而不尊虛而能滿淡而有味被褐懷玉者故兩心不可以得一人一心可以得百人男子樹蘭美而不芳繼子得食肥而不澤情不相與

遼寧省圖書館藏陶湘舊藏閔凌刻本集成

反求諸已非卓然有見者不能

往來也生所假也死所歸也故弘演直仁而立死王子閭張掖而受刃不以所託害所歸也故世治則以義衛身世亂則以身衛義死之日行之終也故君子慎一用之無勇者非先懾也難至而失其守也貪婪者非先欲也見利而忘其害也虞公見垂棘之璧而不知虢禍之及已也故至道之人不可遏奪也人之欲榮也以爲已也於彼何益聖人之行義也其憂尋出乎中也於已何以利故帝王者多矣而三王獨稱貧賤者多矣而伯夷獨舉以貴爲聖乎則聖者衆矣

聖人之寡以脩己者不得其道也

張賓王曰新

以賤爲仁乎則賤者多矣何聖人之寡也獨專之意樂哉怨乎日滔滔以自新忘老之及己也始乎叔李歸乎伯孟必此積也不身遁斯亦不遁人故若行獨梁不爲無人不競其容故使人信己者易而蒙衣自信者難情先動動無不得無不得則無窘發窘而後快故唐虞之舉錯也非以偕情也快己而天下治桀紂非正賊之也快己而百事廢喜憎議而治亂分矣聖人之行無所合無所離譬若鼓無所與調無所不比絲筦金石小大脩短有敘異聲而和君臣上下官

遼寧省圖書館藏
陶湘舊藏閔凌刻本集成

張賓王曰句法別

心者身之主君者國之主

道以脩己誠中形外治之

職有差殊事而調夫織者日以進耕者日以却事相反成功一也申喜聞乞人之歌而悲出而視之其母也艾陵之戰也夫差曰夷聲陽句吳其庶乎同是聲而取信焉異有諸情也故心哀而歌不樂心樂而哭不哀夫子曰絃則是也其聲非也文者所以接物也情繫於中而欲發外者也以文滅情則失情以情滅文則失文文情理通則鳳麟極矣言至德之懷遠也輸子陽謂其子曰良工漸乎矩鑿之中矩鑿之中固無物而不周聖王以治民造父以治馬醫駱以治病

矩鑒也

同材而各自取焉上意而民載誠中者也未言而信
弗召而至或先之也伋於不已知者不自知也矜怛
生於不足華誣生於矜誠中之人樂而不伋如鴞好
聲熊之好經夫有誰爲矜春女思秋士悲而知物化
矣號而哭嘰而哀而知聲動矣容貌顏色理詘傀倨
狥知情僞矣故聖人栗栗乎其內而至乎至極矣功
名遂成天也循理受順人也太公望周公旦天非爲
武王造之也崇侯惡來天非爲紂生之也有其世有
其人也教本乎君子小人被其澤利本乎小人君子

遼寧省圖書館藏陶湘舊藏閔凌刻本集成

綱舉目張非求諸己而何

享其功昔東戶季子之世道路不拾遺耒耜餘糧宿諸畮首使君子小人各得其宜也故一人有慶兆民賴之凡高者貴其左故下之於上曰左之臣辭也下者貴其右故上之於下曰右之君讓也故上左遷則失其所尊也臣右還則失其所貴矣小快害道斯須害儀子產騰辭獄繫而無邪失諸情者則塞於辭矣成國之道工無偽事農無遺力士無隱行官無失法譬若設網者引其綱而萬目開矣舜禹不再受命堯舜傳大焉先形乎小也刑於寡妻至於兄弟禪於家

又道本肯

國而天下從風故戎兵以大知小人以小知大君子之道近而不可以至卑而不可以登無載焉而不勝大而章遠而隆知此之道不可求於人斯得諸巳也釋巳而求諸人去之遠矣君子者樂有餘而名不足小人樂不足而名有餘觀於有餘不足之相去昭然遠矣含而弗吐在情而不萌者未之聞也君子思義而不慮利小人貪利而不顧義子曰鈞之哭也曰子予奈何兮乘我何其哀則同其所以哀則異故哀樂之襲人情也深矣鑿地漂池非止以勞苦民也各從

遼寧省圖書館藏
陶湘舊藏閔凌刻本集成

其聽而亂生焉其載情一也施人則異矣故唐虞日孳孳以致於王桀紂日怏怏以致於死不知後世之譏已也凡人情說其所苦卽樂失其所樂則哀故知生之樂必知死之哀有義者不可欺以利有勇者不可劫以懼如饑渴者不可欺以虛器也人多欲虧義多憂害智多懼害勇嫚生乎小人蠻夷皆能之善生乎君子誘然與日月爭光天下弗能遏奪故治國樂其所以存亡國亦樂其所以亡也金錫不消釋則不流刑上憂尋不誠則不法民憂尋不在民則是絕民

反本者已也

之繫也君反本而民繫固也至德小節備大節舉齊桓舉而不容晉文容而不舉晉文得之乎閨內失之乎境外齊桓失之乎閨內而得之本朝水下流而廣大君下臣而聽明君不與臣爭功而治道通矣管夷吾百里奚經而成之齊桓秦穆受而聽之照惑者以東爲西惑也見日而寤矣衛武侯謂其臣曰小子無謂我老而羸我有過必謁之是武侯如弗羸之必得羸故老而弗舍通乎存亡之論者也人無能作也有能爲也有能爲也而無能成也人之爲天成之終身

君子脩其在已可盡者聽其不可必者

爲善非天不行終身爲不善非天不亡故善否我也禍福非我也故君子順其在已者而已矣性者所受於天也命者所遭於時也有其材不遇其世天也太公何力比干何罪循性而行止或害或利求之有道得之在命故君子能爲善而不能必其得福不忍爲非而未能必免其禍君根本也臣枝葉也根本不美枝葉茂者未之聞也有道之世以人與國無道之世以國與人堯王天下而憂不解授舜而憂釋憂而守之而樂與賢終不私其利矣凡萬物有所施之無小

此即盡其在己順其在天

不可爲無所用之碧瑜糞土也人之情於害之中爭
取小焉於利之中爭取大焉故同味而嗜厚膊者必
其甘之者也同師而超羣者必其樂之者也弗甘弗
樂而能爲表者未之聞也君子時則進得之以義何
幸之有不時則退讓之以義何不幸之有故伯夷餓
死首陽之下猶不自悔棄其所賤得其所貴也福之
萌也緜緜禍之生也分分禍福之始萌微故民嫚之
唯聖人見其始而知其終故傳曰魯酒薄而邯鄲圍
羊羹不斟而宋國危明主之賞罰非以爲己也以爲

遼寧省圖書館藏
陶湘舊藏閔凌刻本集成

國也適於己而無功於國者不施賞焉逆於己便於國者不加罰焉故楚莊謂共雍曰有德者受吾爵祿有功者受吾田宅是二者女無一焉吾無以與女可謂不踰於理乎其謝之也猶未之莫與周政至殷政善夏政行行政善善未必至也至至之人不慕乎行不慚乎善含德履道而上下相樂也不知其所由然有國者多矣而齊桓晉文獨名泰山之上有七十壇焉而三王獨道君不求諸臣臣不假之君脩近彌遠而後世稱其大不越隣而成章而莫能至焉故孝己

各盡其在己者而人莫及

張賓王曰名言當揭座右

聖人能不違時故能成功

之禮可爲也而莫能奪之名也必不得其所懷也義載乎宜之謂君子宜遺乎義之謂小人通智得而不勞其次勞而不病其下病而不勞古人味而弗貪也今人貪而弗味歌之脩其音也音之不足於其美者也金石絲竹助而奏之猶未足以至於極也人能尊道行義喜怒取予欲如草之從風召公以桑蠶耕種之時弛獄出拘使百姓皆得反業脩職文王辭千里之地而請去炮烙之刑故聖人之舉事也進退不失時若夏就絺綌上車授綏之謂也老子學商容見舌

遼寧省圖書館藏陶湘舊藏閔凌刻本集成

而知守柔矣列子學壺子觀景柱而知持後矣故聖人不爲物先而常制之其類若積薪樵後者在上人以義愛以黨羣以羣強是故德之所施者博則威之所行者遠義之所加者淺則武之制者小矣鐸以聲自毀膏燭以明自鑠虎豹之文來射猨狖之捷來措故子路以勇死萇弘以智困能以智知而未能以智不知也故行險者不得履繩出林者不得直道夜行瞑目而前其手事有所至而明有不害人能貫冥冥入於昭昭可與言至矣鵲巢知風之所起獺穴知水

至者能感人
人亦莫能測

之高下暉日知晏陰諧知雨爲是謂人智不如鳥獸則不然故通於一伎察於一辭可與曲説未可與廣應也寗戚擊牛角而歌桓公舉以大政雍門子以哭見孟嘗君涕流沾纓歌哭衆人之所能爲也一發聲入人耳感人心情之至者也故唐虞之法可效也其諭人心不可及也簡公以懦殺子陽以猛劫皆不得其道者也故歌而不比於律者其清濁一也繩之外與繩之內皆失直者也紂爲象箸而箕子嘰魯以偶人葬而孔子嘆見所始則知所終故水出於山入於

皆不得其至者

海稼生乎野而藏乎倉聖人見其所生則知其所歸矣水濁者魚噞令苛者民亂城峭者必崩岸崝者必陀故商鞅立法而支解吳起刻削而車裂治國辟若張瑟大絃組則小絃絶矣故急轡數策者非千里之御也有聲之聲不過百里無聲之聲施於四海是故祿過其功者損名過其實者蔽情行合而名副之禍福不虛至矣身有醜夢不勝正行國有妖祥不勝善政是故前有軒冕之賞不可以無功取也後有斧鉞之禁不可以無罪蒙也素脩正者弗離道也君子不

形體以心爲至

謂小善不足爲也而舍之小善積而爲大善不爲小不善爲無傷也而爲之小不善積而爲大不善是故積羽沉舟羣輕折軸故君子禁於微壹快不足以成善積快而爲德壹恨不足以成非積恨而成怨故三代之稱千歲之積譽也桀紂之謗千歲之積毀也天有四時人有四用何謂四用視而形之莫明於目聽而精之莫聽於耳重而閉之莫固於口含而藏之莫深於心目見其形耳聽其聲口言其誠而心致之精則萬物之化咸有極矣地以德廣君以德尊上也地

遼寧省圖書館藏
陶湘舊藏閔凌刻本集成

知小而不知大知近而不

以義廣君以義尊次也地以強廣君以強尊下也故粹者王駮者霸無一焉者亡昔二皇鳳凰至於庭三代至乎門周室至乎澤德彌麤所至彌遠德彌精所至彌近君子誠仁施亦仁不施亦仁小人誠不仁施亦不仁不施亦不仁善之由我與其由人若仁德之盛者也故情勝欲者昌欲勝情者亡欲知天道察其數欲知地道物其樹欲知人道從其欲勿驚勿駭萬物將自理勿撓勿攖萬物將自清察一曲者不可與言化審一時者不可與言大日不知夜月不知晝日

知遠局於見也

又露反巳意

月爲明而弗能兼也唯天地能函之能包天地曰唯無形者也驕溢之君無忠臣口慧之人無必信交拱之木無把之枝尋常之溝無吞舟之魚根淺則末短本傷則枝枯福生於無爲患生於多慾害生於弗備穢生於弗耨聖人爲善若恐不及備禍若恐不免蒙塵而欲毋眯涉水而欲毋濡不可得也是故知巳者不怨人知命者不怨天福由巳發禍由巳生聖人不求譽不辟誹正身直行衆邪自息今釋正而追曲倍是而從衆是與俗儷走而內行無繩故聖人反巳而

遼寧省圖書館藏
陶湘舊藏閔凌刻本集成

順天下之情者天下從之

以三等人結前治亂興亡

弗由也道之有篇章形埒者非至者也嘗之而無味視之而無形不可傳於人大戟去水亭歷愈脹用之不節乃反無病物多類之而非唯聖人知其微善御者不忘其馬善射者不忘其弩善爲人上者不忘其下誠能愛而利之天下可從也弗愛弗利親子叛父天下有至貴而非勢位也有至富而非金玉也有至壽而非千歲也原心反性則貴矣適情知足則富矣明死生之分則壽矣言無常是行無常宜者小人也察於一事通於一伎者中人也兼覆蓋而并有之度

禍福成敗之意盡矣

伎能而裁使之者。聖人也。

張賓王曰篇中多言誠心不言之感駭目新詞刺心妙論疊疊而來